省港民間俗語

莊澤義 編纂

和平圖書 · 海峰出版社

書　　名　省港民間俗語
編　　纂　莊澤義
責任編輯　董海敏
插　　圖　賀懋華
裝幀設計　司徒綺雲
出　　版　海峰出版社
　　　　　香港中環德輔道中71號永安集團大廈1502室
印　　刷　開益出版印刷有限公司
　　　　　香港九龍葵涌華星街8號華達工業中心A座8樓15室
版　　次　1995年7月第一版
規　　格　32開（140×210mm）
國際書號　ISBN 962-238-225-8
　　　　　HF-247-P

目次

Teresa Liu

序

編辭書編了十幾個年頭，編俗語詞典卻還是“大姑娘上花轎——一頭一遭”哩！

行家說得不錯：“只有傻瓜才肯編辭書。”因為那是“悶到抽筋”的受罪活兒。想不到這回編省港俗語卻是一次開心的經歷。也許是粵港人士的生性使然，他們口中的俗語大都幽默、生動、尖酸、“抵死”，有些更有一段趣味盎然的故事！

當然，編省港民間俗語也有避忌，那就是在用膳前後絕對禁止工作，因為每隔十條八條俗語，便有一條涉及屎、尿、屁。要是在吃飯之前工作，碰巧編到“食屎食著豆”、“一啖沙糖一啖屎”之類的俗語，那麼那餐飯便可以省下了。

我敢說，論“屎、尿、屁”之多，省港俗語認了第二，那就沒有別的方言敢認第一了。友人林達宏老總跟我談起這種語言現象的時候，說“這正是省港文化的精髓所在。”此話雖是玩笑，卻有一定的道理。莊子在《知北遊》不是強調過“道在屎溺”嗎？我希望日後能有閑空，認認真真地研究這些“唔埋得個鼻”的省港俗語，以探討粵港地區俗文化的特色。

詞典裡要不要收錄粗話，在辭書界向有爭議。我個人傾向於收錄。編這本俗語詞典，我就收錄了粗話。既然書以《俗語詞典》為名，有甚麼理由要羞答答地迴避俗語中的粗話呢？倘若只是篩選一些“衛生”俗語，那只會徒然削弱民間俗語詞典的辭書功能與對於研究民俗學的參考價值，讀者也無從得窺俗語的全豹。再說，淨化語言的責任，該由社會工作者而不是辭書工作者擔負。

說回這本俗語詞典，應該感謝和平圖書有限公司沈文玉董事長，她接受了我的投稿，玉成了我的心願。董海敏編輯主任為這本書稿的加工花了許多心血，一併在此致謝。

是為序。

莊澤義

1995年復活節

凡例

·本書收錄省港俗語一千五百餘條，是迄今為止同類書條目比較齊全的。

·本書所收的俗語只限於五字以上的，因為四字以及四字以下的俗語詞，坊間的廣東方言詞典多有收錄。

·國語裡已經有的，如“物輕情意重”、“天下烏鴉一般黑”、“丈二金剛——摸不著頭腦”，本書不重複收錄。

·俗語按其內容可分為狹義的俗語（描寫情態的）和諺語（有教育意義的）兩種。為了查檢方便，本書按其結構分類：1、俗語：分單句俗語與雙句俗語兩項，三句以及三句以上的俗語為數極少，就附在雙句俗語後面。2、歇後語。

·單、雙句俗語都是按其總字數多少為序排列；總字數相同者，按其第一個字的筆畫為序；第一個字的筆畫相同者，則按其起筆「點橫豎撇折」為序。

歇後語是按其前半截的字數多少為序排列，前半截字數相同者，則按其第一個字的筆畫為序；第一個字的筆畫相同者，則按其起筆「點橫豎撇折」為序。

·釋義時，先註釋一些比較生僻的廣東方言詞，然後串講；如果意思不言自明或掌故還不可考，則沒有串講，直接寫出該俗語的意思，國語有近似的表達也會儘可能註出。

·為了讓讀者得以窺見省港俗語的特色與全豹，本書並不迴避一些含義粗鄙的市井俗語，是粗話的會特別標出。

·穿插英語借用詞是省港（尤其是香港）口語的一大特色，本書搜集省港口語中常見的英語借用詞附在書後，相信對於研究省港方言的人士會有參考價值。

本書參考書目

《廣州話方言詞典》（饒秉才、歐陽覺亞、周無忌編著）香港商務印書館出版

《簡明香港方言辭典》（吳開斌編著）花城出版社出版

《廣州話・普通話口語詞對譯手冊》（曾子凡編著）香港三聯書店出版

《趣怪香港話》（阿丁）香港周刊出版社出版

《妙語連珠》（宋韶光）勤＋緣出版社出版

《俗語拾趣》（宋郁文）博益出版社出版

《廣東話趣譚》（石人）博益出版社出版

《廣東話再譚》（石人）博益出版社出版

《港人生活倒後鏡》（魯金）香港三聯書店出版

俗語

單句俗語

五字

一畫

一千零一件

【釋】 典故源自某部粵語長片。有個可憐的小人物，他的西裝只有一件比較像樣，可是他向同伴吹噓說有十一件（諧音“實一件”）。以後，“十一件”便作為“僅此一件”的諧謔語。“一千零一件”是“十一件”的誇張說法，語意與“十一件”同。

一弓射兩箭

【釋】 相當於國語的“一箭雙雕”或“一石二鳥”。

一弓射兩箭

一天都光哂

【釋】一天都放晴了。形容捱過逆境得到順境時內心的喜悅。

一字丟響度

【釋】像“一”字那樣把它橫放一旁。表示把某事暫時擱置。

一匹布咁長

【釋】像一匹布那麼長。形容不是三言兩語可以說得清楚的事。相當於國語的“說來話長”。

一死無大害

亦作“拚死無大害”

【釋】死了也沒有什麼可怕。表示無懼冒險犯難。相當於國語的“砍頭只當風吹帽”。

一個餅印咁

【釋】像一個餅模印出來的那樣，形容兩者極為相似。

一個餅印咁

一件還一件

【釋】 一件事歸一件事，表示兩者不可混為一談。相當於國語的“不可相提併論”。

一碰三斗油

【釋】 一碰就撞翻三斗油，形容人極莽撞。相當於國語的“魏延撞破七星燈”。

一腳踩兩船

亦作“一腳踏兩船”

【釋】 形容愛情不專一，同時與兩個對象保持親密關係。

一雷天下響

亦作“一聲雷，天下響”

【釋】 形容事件轟動，消息迅速傳開。

二畫

二一分作五

亦作“二一添作五”

【釋】 除法口訣：一除以二等於零點五。表示對半均分。

二一分作五

十人九生品

【註】生品：品性。

【釋】十個人九種品性，形容各有各的品性。

十萬九千七

【釋】當七厘銀便可以在高級茶樓飲餐茶的時候，十萬九千七是一筆天文數字的財產。如今，“十萬九千七”雖然已經賤到連半個廁所位都買不到，但是人們仍以它來作為一個很大數目的泛稱。

十畫有一撇

亦作“十畫未有一撇”

【釋】比喻事情還沒有眉目。相當於國語的“八字沒一撇”。

人口兩層皮

【釋】形容一張嘴可以說出正反不同的話。

人心當狗肺

亦作“俾個心人食當狗肺”

【釋】把自己的心給人，人家當它是狗肺。表示自己以誠待人，反遭誤解。

人心隔肚皮

【釋】人心隔著肚皮，不容易看得清楚。形容人心叵測。

人生路不熟

【釋】相當於國語的“人地生疏”。

人在人情在

【釋】人在的時候，人情就還在；一旦人離開（或死了），人情便不在了。

人多手腳亂

【釋】形容人多手雜，越幫越忙。

人多好做作

【釋】人多，想怎麼做都行。相當於國語的"人多好辦事"。

人老心不老

【釋】讚揚老人家還有年青人的壯志。相當於國語的"老驥伏櫪，壯心未已"，有時也用來揶揄一些老年好色者。

人衰冇藥醫

【註】衰：缺德。

【釋】人一缺德起來，無藥可醫，形容人討厭之至。常用於非惡意罵人，如妻子用以罵丈夫（帶有打情罵俏之意）。

人衰畀鬼追

【註】衰：倒霉、倒運。

【釋】人一倒霉起來，連鬼都要追他、欺侮他。形容人倒霉之至。

人情緊過債

【釋】欠了人的情，比欠債還厲害，一定要儘快償還。

人情薄過紙

【釋】形容人情澆薄。相當於國語的“人情如紙薄”。

人蠢冇藥醫

【釋】形容人愚蠢之至。相當於國語的“愚不可及”。

人窮冇藥醫

【釋】形容人十分窮困。

人頭博芋頭

【釋】表示自己有絕對把握，敢以自己的頭作賭注（對方只需拿個芋頭作賭注便行了）。

人講你又講

【釋】相當於國語的“人云亦云”或“拾人牙慧”。

刀仔鋸大樹

【註】刀仔：小刀。
【釋】存僥倖之心以小錢圖大利。

刀仔鋸大樹

九出十三歸

【釋】高利貸的盤剝方式，例如借100元，實得90元，到時須歸還130元。現在也形容借貸盤剝的厲害。

八字生得正

【釋】迷信的人認為：八字生得正的人，命運一定好。稱讚人生來命好。

三畫

三九兩丁七

【釋】形容人數少，只不過三兩個人而已。

三九唔識七

亦作“三唔識七”

【釋】表示誰也不認識誰。

三歲定八十

【釋】從小時候的表現可以預測他成年之後的成就。相當於國語的“三歲看大，七歲看老”。

三歲定八十

三兩下手勢

【釋】 用手比劃兩下，形容事情易辦至極。相當於國語的“易如反掌”。

大人有大量

【釋】 用來請求對方饒恕的話。

大石責死蟹

【註】 責：壓，砸。

【釋】 比喻以強力壓制人。

大良阿斗官

【釋】 稱半點兒也不長進的人，相當於國語的“窩囊廢”。廣東順德有個廣泛流傳的民間故事，說大良有個阿斗官，原是縣太爺晚年倖得的獨生子，不通世故，又不思長進，縣太爺死後，他很快便敗壞光了家財。

大食有指擬

【註】 指擬：指望，依賴。

【釋】 食量大的人必定有足夠的米糧作依賴。比喻一個敢於幹某事的人，定必有其靠山。

大恩不言謝

【釋】 大恩是無法以言謝來表達內心的感激的。

大菌食細菌

【釋】 不計較衛生條件吃東西之前的諧謔語。相當於國語的“不乾不淨，吃了沒病”。

大話夾好彩

【註】大話：説謊。夾：加。好彩：幸運。

【釋】運氣好得説出來就像是謊話一樣。表示極為僥倖。

大話怕計數

【註】大話：説謊

【釋】説謊的人最怕人家認真地跟他算賬，一認為算賬，謊話就會被戳穿了。相當於國語的“説慌怕兑現”。

大鄉里出城

【註】大鄉里：鄉下人，鄉巴佬。出城：去城裡。

【釋】譏笑人少見多怪。相當於國語的“劉姥姥進大觀園”。

大纜絞唔埋

【註】絞唔埋：絞不到一起。

【釋】用大纜繩來絞，都無法把兩件物品絞到一起。比喻兩方固執己見，無從調和。

山水有相逢

【釋】比喻日後定有相逢的機會。這句俗語常用以調劑人際關係、化解緊張氣氛。含有“彼此留一線，日後好見面”的意思。

山水有相逢

士（事）急馬行田

【釋】象棋裡，馬只可以走“日”字形的對角線，但是為了救士，便走“田”字形的對角線。士諧音事。表示因為事情緊急，也就不得不採取一些非常的措施了。

工字不出頭

【釋】工字不出頭，一出頭就變成“土”。哀嘆工人永無出人頭地之日。

口水多過茶

亦作“口水多過浪”

【釋】譏笑人話說得太多。

口多是非多

【釋】多嘴容易惹是非。相當於國語的“禍從口出”。

口硬屎忽軟

亦作“嘴硬屎忽軟”

【註】屎忽：屁股。

【釋】相當於國語的“色厲內荏”。

口爽荷包凹

【註】荷包凹：錢包是癟的，即是沒有錢。

【釋】口裡說得爽快、慷慨，實際上卻拿不出一個銅板。相當於國語的“口惠而實不至”。

小鬼扮大神

【釋】諷刺婢女擺起夫人的架子。

四畫

心口鑲鋼板

【註】心口：胸口。

【釋】形容人有許多仇敵，以致胸口要鑲一塊鋼板，防止被仇敵尋仇。

心肝唔挪肺

【註】挪：連著。

【釋】心肝與肺不相連。形容人神不守舍，做事丟三拉四的，一無是處。

火星撞地球

【釋】原是電視台一個搞笑節目名，形容巨星（雙關語：指星球，亦指影藝紅星）相撞迸出耀眼的火光與熱鬧的場面。現在多用以形容兩個性情暴躁的人撞在一起，容易鬧糾紛。

六耳不同謀

【註】六耳：即是三個人。

【釋】比喻人一多，意見便不容易統一。相當於國語的"合字難寫"。也比喻進行機密之事，不能為第三者所知。

六耳不同謀

六國大封相

【釋】 典故出自戰國時候，策士蘇秦到各國遊說“連橫”，勸說東方的楚、燕、齊、韓、趙、魏等六國同西方的秦和好相連，可是遊說失敗，垂頭喪氣回到家裡，受到家人的奚落。後來，蘇秦更弦易轍，轉而鼓吹“合縱”，說服六國結盟，共同對付秦國。這一次遊說得到成功，蘇秦兼任六國的國相，身佩六國相印，鋒頭一時無兩。舊時唱大戲，這個故事的戲名就叫“六國大封相”。

一九五一年十一月，住在灣仔洛克道某號四樓的一名租客朱盛才，因為受到同樓租客（也是親戚）的冷嘲熱諷，因而狂性大發，操刀殺人，並放火燒屋，釀成三死三傷的慘案。

據事後報導稱，朱盛才平日遭到同樓租客白眼時，常說“總有一天我會做一齣“六國大封相”給你們看看。”意即是說，你們別看我現在落魄，我總有一天會出人頭地的。事發當日，兩個同樓女租客正是拿這句話譏諷他：“喂，你什麼時候做那齣“六國大封相”給我們看呀？”朱盛才聽了，隨即老羞成怒，狂叫：“好，我現在就做齣“六國大封相”給你們看。”說罷，操起菜刀，見人便殺，澆火水燒屋，又把一個小童活活扔下街致死。三日後，朱盛才畏罪自首，被判死刑。

這件轟動一時的冷血罪案經過廣泛報導之後，“六國大封相”也便流傳開來，成為“瘋狂殺戮”的代名詞。

六親同一運

【註】 六親：泛指親人、親戚。

【釋】 形容大家運氣、際遇相同。

不打笑臉人

【釋】 即便對方有錯，他笑著陪不是，就應該原諒他。

五十年不變

【釋】原是鄧小平應承香港回歸中國之後，社會制度與生活方式五十年不變。這句話變成俗語以後，指長時間不變。

冇功都有勞

【釋】沒有立功，也曾付出過勞動。

冇尾精過蛇

【釋】人雖然沒有尾，卻比蛇更精明。形容機警、不易上當受騙的人。

冇鞋搵屐走

【釋】找不到鞋，找一雙木屐穿著就跑。形容情勢不妙、情況危急，溜之大吉。

冇雷公咁遠

【釋】以前的人認為遙遠的地方是沒有雷公的，所以用“冇雷公咁遠”形容極遠。

牙齒當金使

【釋】牙齒可以當黃金使用。比喻言而有信，說話算數。相當於國語的“一諾千金”。

切肉不離皮

【釋】切肉，總是連著皮的。比喻親情難捨，相當於國語的“血濃於水”。

公事帶私事

【釋】取笑人假公濟私。

手停口就停

【釋】形容收入低微，僅夠溫飽。一旦沒有工作，也便揭不開鍋了。

牛死送牛喪

【釋】牛死，已經蒙受損失，還要替牛辦喪禮，損失更大。比喻明知絕望的事，還要花功夫去做，結果造成更大的損失。

牛頭角順嫂

【釋】"牛頭角順嫂"是一個電視處境系列劇中的人物，現在用作一般文化程度較低的、四五十歲的家庭主婦的代稱。

反口咬一啖

【註】啖：口（量詞）。

【釋】相當於國語的"反咬一口"。

少數怕長計

【釋】數目雖小，但時間一長，累積起來便相當驚人了。

水洗都唔清

【釋】用水洗都洗不乾淨，比喻嫌疑極大。相當於國語的"跳進黃河洗不清"。

水鬼陞城隍

【釋】城隍是民間傳説中的城市守護神，城裡的水鬼皆屬他管轄。水鬼要陞城隍是很不容易的事。人們由此以"水鬼陞城隍"諷刺那些小人得志之人。

good 聲吞晒佢

【釋】“骨都”一聲吞了它。形容把委屈強吞入肚。

五畫

正一陳顯南

【註】正一：真正是，確實是。陳顯南：舊時的廣告人。

【釋】譏人反覆不停説同一件事，像舊時陳顯南賣廣告一樣。

正菜冇咁正

【註】正菜：一種蔬菜名。正：美好。

【釋】正菜都沒有這麼正。最後的“正”形容美好。例如見到一個美女走過，常用這句作為讚歎。

本地薑唔辣

【釋】本地的人或物不吃香。相當於國語的“月亮外國的圓”、“外來的和尚會唸經”。

世事冇絕對

【釋】世事沒有絕對，好與壞、禍與福都會相互轉化的。

世界真嘅細

【註】嘅：的。細：小。

【釋】世界真的小。當在千里之外的異鄉遇陌生人，交談之下，發現竟然彼此有點親戚關係，常用此語作為感歎。

世界輪流轉

【釋】表示命運無定。相當於國語的“十年水流東，十年水流西”。

古老當時興

【註】 時興：時髦。

【釋】 形容人品味差，誤把古老的東西當時髦。

打死狗講價

【釋】 責人造成既成事實之後才來理論是非。

打蛇隨棍上

【釋】 相當於國語的順藤摸瓜，也指順勢相纏。

打雀咁嘅眼

亦作“打雀咁眼”。

【釋】 眼睛像要瞄準打鳥一樣，取笑人死盯著有姿色的女人。

四萬咁面口

亦作“四萬咁嘅面口”

【註】 “四”是人露齒而笑的形象。“萬”字無義。

【釋】 形容人咧嘴而笑。

仔大仔世界

【註】 仔：兒子。

【釋】 兒子大了自有他的事業、前程。

仔細老婆嫩

【釋】 兒子還小，老婆也還年少。表示做丈夫的仍需肩負養妻活兒的重大責任。

生人唔生膽

【釋】生人不生膽，譏笑人膽子小。

生人霸死地

【註】霸：強佔。死地：墳地。

【釋】活人強佔著墳地。相當於國語的“佔著茅坑不拉屎”。

生仔冇屎忽

【註】仔：兒子。冇：沒有。屎忽：屁眼。

【釋】罵人作惡必有報應，將來生兒子沒有屁眼。

生螆貓乜眼

【註】生螆：患了皮膚病。乜眼：假睡。

【釋】癩貓假睡，隻眼眯著。形容色迷迷地盯著女子看。

禾稈冚珍珠

【註】禾稈：稻草。冚：掩蓋著。

【釋】稻草掩蓋著珍珠，比喻有錢人裝窮。

仙都唔仙吓

【註】仙：英語 cent 的音譯詞，貨幣的最小單位，銅子兒。

【釋】一個銅子兒都沒有。相當於國語的“一文不名”。

氹鬼食豆腐

【註】氹：哄騙。

【釋】以謊言騙人相信。

米少飯焦燶

【註】燶：焦糊。

【釋】米少容易煮焦飯。比喻力量單薄，事事棘手。

老人成嫩仔

【註】嫩仔：幼嫩的嬰兒。

【釋】老人變成幼嫩的嬰兒。相當於國語的“越活越年青”、“返老還童”。

老虎瞌眼瞓

【註】瞌眼瞓：打瞌睡。

【釋】老虎打瞌睡，比喻再厲害的人都會有疏忽的時候。相當於國語的“百密一疏”、“神仙打鼓也會錯”。

老鼠食老鼠

【釋】老鼠吃老鼠，比喻壞人相鬥。相當於國語的“狗咬狗”。

老鼠唔出竇

【釋】老鼠未出洞，形容人未見過世面。

老鼠運雞籠

【註】運：繞著……轉。

【釋】老鼠想偷雞吃，但是隔著雞籠偷不到，只好繞著雞籠亂轉。取笑人在某處地方轉來轉去。

老糠搾出油

【註】老糠：舊米糠。

【釋】舊米糠搾出油。比喻在窮人身上搾油水。

耳仔都郁埋

【註】郁：動。

【釋】連耳朵都動了，形容吃得暢快。相當於國語的“大快朵頤”。

西南二伯父

【釋】謔稱為老不尊，教壞子孫的老傢伙。

有心唔怕遲

【釋】有心不怕遲。表示只要有心去做某事，遲些開始亦無妨。

有風駛盡㡳

【註】㡳：船帆。

【釋】有風便把船帆放盡來用。諷刺人有權力時便使盡威勢，不留一點餘地。

有氣冇地抖

【註】抖：歇，休息。

【釋】找不到一個地方歇口氣，形容忙得不可開交。

有骨頭落地

【釋】形容菜餚豐盛，有大魚、大肉、雞鴨，被請吃的人，享用菜餚時能有骨頭落地。

有理打橫行

【釋】有理可以打橫走路，形容理直氣壯。相當於國語的"有理走遍天下"、"理服泰山倒"。

有辣有唔辣

【釋】有辣的，也有不辣的。比喻某種辦法有其優點，也有其缺點。

有錢佬話事

【釋】有錢的人拿主意。

有錢身就痕

【註】痕：癢。

【釋】一有錢，身就發癢，坐不住，非要把它花光才能心安。

死人兼崩屋

【釋】剛死了人，兼又塌屋。比喻禍不單行。

死人尋舊路

【釋】據說人死了之後，亡魂會循著舊路回家。譏刺人按舊章程辦事。

死牛一便頸

【註】一便：一邊。

【釋】牛死了，頭便歪向一邊，不動了。譏刺人固執，不知變通。

死雞撐飯蓋

亦作“死雞撐硬腳”

【釋】雞死了，兩隻雞腳便撐得又硬又直，把鍋蓋都撐開了。譏刺人有錯不認，死頂到底。

百口百岩巉

【註】岩巉：長舌，搬弄是非。

【釋】形容人多嘴雜，人多是非多。

百足咁多爪

【註】百足：蜈蚣。

【釋】像蜈蚣那樣多的腳爪。形容大忙人，這裡去，那裡去，行蹤無定，很難找得到。

百彈齋齋主

【註】彈：批評、指責。

【釋】舊時讀書人喜歡把自己的書房命名為x x齋，以書齋的名字來表示自己的人格、喜惡。“百彈齋”的“百彈”意即事事指責、批評。人們以“百彈齋齋主”謔稱對每件事都批評、指責的人。

托塔都應承

【註】塔：糞桶。

【釋】連替人家托糞桶的事都應承。揶揄人隨口許諾，什麼都答應。

至大芭蕉葉

【註】至大：（1）大不了；（2）最大。

【釋】舊時路旁沒人收拾的橫屍，人們就先弄一張芭蕉葉為他蓋上。“大不了芭蕉葉”意思即大不了也不過死，形容豁條命出去幹，不顧後果。

另一個說法來自一個典故。話說舊時某軍閥有一個隨從，平日喜歡與人爭辯。一日，那位軍閥赴省府與要人宴飲，臨行前特別吩咐隨從不可胡亂說話，否則槍斃了他。誰知在軍閥與要人歡宴間，眾人閒話起植物的葉，有人說：“菊花的葉最大。”有人說：“芋頭的葉最大。”許多人爭持不下。那軍閥的隨從終於忍耐不住，大聲說：“槍斃就槍斃我啦，至大（最大）芭蕉葉！”舉座絕倒。人們由此以“芭蕉葉”謔稱資格最老、最受尊重的人。

同埋支水出

【釋】同一條河水出來的，指同一個鄉村。

肉隨砧板上

【釋】肉在砧板上，比喻任人宰割。相當於國語的“人為刀俎，我為魚肉”。

吐口水講過

【釋】吐一口唾沫再從頭說一次。用於漏口說了一句不吉利的話時說的。“吐一口口水”表示把剛才說的那句不吉利的話沖去。

先使未來錢

【釋】形容入不敷出，預支借支。相當於國語的“寅食卯糧”。

自己身有屎

【釋】 比喻自己身上有毛病。相當於國語的““心中有鬼”、“做賊心虛”。

自認屎忽白

亦作“各人自認屎忽白”

【註】 屎忽：屁股。

【釋】 自以為屁股白。比喻自以為了不起。

行路唔帶眼

【釋】 走路不帶眼。相當於國語的“走路不看路”，常用以責備人走路時撞到人或物。

行運一條龍

【註】 行運：走運。

【釋】 形容人一走起運來便勢不可擋，好事接踵而至；亦形容人一走起運來便神氣十足。

行運一條龍

行船好過灣

【註】灣：停泊。

【釋】即使是慢駛，也比停泊不動好。相當於國語的“不怕慢，只怕站”。

行船爭解纜

【釋】行船就看誰解纜解得快，船纜解得快的船便能駛在前頭。比喻率先行動。

各有各精彩

【釋】形容各人各有自己的過人之處。

各花入各眼

【釋】比喻審美眼光各人不同。

多得你唔少

亦作“多得佢唔少”

【釋】多虧你（他）。用於相反意思，表示麻煩皆因你（他）而起。

好人命唔長

【釋】好人命不長。埋怨好人不得好報。

好人當賊辦

【釋】把好人當作賊懲辦，形容好意被人曲解。

好女兩頭瞞

【釋】好的女子把夫家、娘家兩頭不滿意的話語都隱瞞起來，以維繫兩家的良好關係。

好女十八嫁

【釋】 原意是好的女子十八歲正是當嫁的時候，現在多用作俏皮話，表示嫁了十八次的女子才算有本事的女子。

好女十八嫁

好心唔怕做

【釋】 只要存心好，便大膽地去做，不要怕人誤解或攻訐。

好心著雷劈

【釋】 好心被雷劈。比喻好心不得好報。

好主客人多

【釋】 主人殷勤，客人自然多。

好狗唔擋路

【釋】 好狗不擋路。用於請人讓路的俏皮話。

好客主人多

【釋】好的客人，到處都受歡迎。

好食爭崩頭

【釋】美食當前，彼此爭得頭破血流。比喻一見有便宜可佔，便爭先恐後，互不相讓。

好酒沉甕底

【釋】比喻好的東西到最後末尾才出現。

好睇唔好食

【釋】好看不好吃。比喻徒有其表。

好過好多人

【釋】比好些人都好。形容比上不足，比下有餘。

好漢不打妻

【釋】戒人勿打妻。

好漢不打妻

好漢怕爛佬

【註】爛佬：惡棍。

【釋】告誡人勿與惡漢爭吵。

七畫

沙煲刁眼角

【註】沙煲：瓦鍋。刁眼角：使眼色。

【釋】瓦鍋在互相使眼色，取笑無米下鍋，亦比喻心意相通。

坑渠浸死鴨

【釋】淺淺的坑渠竟然把鴨浸死了。比喻失敗在想不到的地方。相當於國語的"平路跌死人"、"陰溝裡翻船"。

扮豬食老虎

【釋】故意扮笨相，趁對方放鬆警惕時取利。

把口嘲過油

【註】嘲：漱。

【釋】用油漱過口，形容油嘴滑舌。

邪牌愛差人

【註】邪牌：謔稱風塵女子。差人：警察。

【釋】風塵女子往往喜歡警察（崇拜他們的英雄氣概）。

見牙唔見眼

【釋】形容人笑得很開心，牙齒全露，眼睛瞇成一條縫。

見過鬼怕黑

亦作“見過鬼就怕黑”

【釋】相當於國語的“一朝被蛇咬，十年怕草繩”。

利口不利腹

【釋】形容某些食物好吃，但對胃腸不利。

谷到大頸泡

【註】谷：被氣吹脹。大頸泡：甲狀腺病引起的頸脖變粗的病狀。

【釋】形容被人氣得頸脖都變粗，好像得了甲狀腺病。

吞口水養命

【釋】形容苟延殘喘。

低低地蹪鋪

【註】蹪鋪：摔一跤。

【釋】低低地摔一跤。比喻低聲下氣地向人認輸或認錯。

肚飽飯有沙

【釋】肚子吃飽了，就會覺得飯裡有沙了。比喻生活富裕起來之後便看不起尋常的東西。

八畫

炒老細魷魚

【註】炒魷魚：解僱。老細：老闆。

【釋】解僱老闆。辭工不幹的俏皮話。

官字兩個口

【釋】“官”字下面有兩個口。形容當官的人有權有勢，老百姓說不過他們。

官字兩個口

放你都唔生

【註】放生：佛教徒把動物放回自然界。

【釋】把你放生，你都不懂得回到自然界去。取笑人愚鈍，即使給予機會，也不會利用。相當於國語的“扶不起的阿斗”。

盲公𡁻開眼

【註】𡁻：嚼。

【釋】形容食品極硬、極韌，吃時要用力地咬動腮幫，以致連盲人的眼都為之張開。

兩個夠晒數

【釋】原是香港家計會的宣傳口號，意思是：（一對夫婦）生兩個孩子就夠數了。

兩頭唔到岸

【釋】兩頭不到岸，形容進退兩難。

到喉唔到肺

【釋】到喉到不了肺，形容東西少，不過癮。

拉直雉雞尾

【釋】舊時唱大戲，將帥頭盔上都插有兩支雉雞尾，當將帥得意之時，便會用雙手拉直兩條雉雞尾，連聲“哈哈哈……”大笑。人們由此以“拉直雉雞尾”形容人得意的神情。

拆屋避蟾蟧

【註】蟾蟧：蜘蛛。

【釋】為了防避蜘蛛在屋裡結網而把房屋拆了。比喻為了避免小麻煩而作大犧牲。相當於國語的“因噎廢食”、“討厭蝨子燒棉衣”。

抵冷貪瀟湘

【註】抵：抵受。瀟湘：俊俏。

【釋】若要打扮得俊俏，就要抵受得住寒冷。相當於國語的“老要俏，凍得裝鬼叫”。

拚死食河豚

【註】河豚：味極鮮美，肝臟血液均有毒，不懂得割烹的人誤食，往往中毒致命。

【釋】捨命吃河豚。比喻大好機會，雖然冒險，也要拚搏一次。

拚死無大害

【釋】表示樂於冒險犯難，即便死了也不算甚麼大損失。

長氣夾贅氣

【註】長氣：說話囉嗦。夾：加上。贅氣：說話重複。

【釋】嫌人說話既囉嗦冗長又一再重複。

旺過彌敦道

【釋】彌敦道是九龍有名的鬧市區。比彌敦道還熱鬧，形容地方十分繁華熱鬧。

受人二分四

【註】二分四：舊時廣東使用硬幣，每角重量七分二厘，三分之一角即是二分四。當時僱員的日薪大約此數。

【釋】受僱於人的俏皮說法。

受軟唔受硬

【釋】吃軟不吃硬。相當於國語的“欺軟怕硬”。

受硬唔受軟

【釋】吃硬不吃軟。

命窮當食粥

【釋】表示一切都是命中注定，如果命中注定是窮的，那就必定餐餐要喝粥水。

物以罕為貴

【釋】相當於國語的“物以稀為貴”。

爬草搵蛇食

【註】爬草：撥開草叢。

【釋】撥開草叢找蛇來吃。相當於國語的“吹毛求疵”。

狗瘦主人羞

【釋】狗瘦，主人也為牠蒙羞。比喻孩子寒傖，令家長丟臉。

周身唔聚財

【註】唔聚財：形容坐立不安的樣子。

【釋】形容渾身不自在、不安穩的樣子。

阿媽都唔識

【釋】連自己的媽媽都認不得，形容程度的厲害。如“忙（驚、輸）到阿媽都唔識”。

九畫

客去主人安

【釋】招待客人是一件很累的事，只有當客人走了，主人才能真正安定下來。

客家佔地主

【釋】相當於國語的“喧賓奪主”。

珍珠冇咁真

同“真珠冇咁真”。

柑咁大個鼻

【釋】鼻子像柑那麼大，形容驕傲。相當於國語的“鼻孔朝天”。

相爭無好口

亦作“相嗌無好口”

【註】好口：好話。

【釋】在爭吵的時候，不會有甚麼好話的。相當於國語的“相罵無好言，相打無好拳”。

挑蝨入屎忽

【註】屎忽：這裡指屁眼。

【釋】比喻自找麻煩。

要頸唔要命

【註】唔：不。要頸：硬頸，指倔強。

【釋】形容固執己見，以至不顧死活。

咸豐年咁耐

【註】咁耐：那麼久。

【釋】咸豐是清代文宗皇帝的年號，自一八五一年至一八六一年，距今一百多年。香港割讓給英國正是發生於咸豐十年（一八六〇）。人們每提起往事，便以“咸豐年咁耐”（咸豐年間那麼久）表示時間極為久遠。

郁不得其正

【註】郁：動彈。

【釋】本來是擺得端正的，不能移動絲毫，而使它變歪。不許妄動或動彈不得的意思。

挖肉擸瘡生

【註】攞：拿，取。

【釋】本來好好的皮肉，卻故意挖爛，使得有個瘡生出來。比喻本來沒事，卻故意自己招惹麻煩。

背脊有個肚

【釋】形容餓極，肚子都跑到背脊上去了。

苦瓜乾咁面

【釋】臉如苦瓜乾，形容愁苦萬分。相當於國語的“苦著臉”、“哭喪著臉”。

苦過梁天來

亦作“慘過梁天來”

【釋】梁天來是“清末四大冤案”的主角之一，被人陷害，釀成全家七屍八命的慘案，含冤莫白。過去唱大戲，常有“梁天來”的劇目。人們由此以“苦（慘）過梁天來”形容人的命運極苦、極悲慘。

哤契爺咁哤

【註】哤：懇求。契爺：乾爹。

【釋】形容對人不斷懇求。

拜神唔見雞

【註】唔見：丟失了。

【釋】形容人口中唸唸有詞忙來忙去的樣子。

食人唔𠹌骨

【註】唔𠹌骨：不吐骨頭。

【釋】吃人連骨頭都吞下去，形容人極兇殘。

食生菜咁食

【註】生菜：萵苣，廣東人常吃的一種蔬菜名。咁：那樣。

【釋】形容極為平常、容易。

食咗人隻車

【註】食咗：吃掉。隻：一隻。

【釋】象棋裡，車的戰鬥力極強，吃掉人家一隻車，比喻令人受損失極為嚴重。

食砒霜毒狗

【釋】吃了砒霜，然後拿自己去毒狗。比喻自己先受其害。

食屎食到泥

【註】食到泥：要吃乾淨，直到見到泥土為止。

【釋】表示幫人就要幫到底。（諧謔）

食屎食著豆

【釋】比喻因禍得福或獲得意外的收穫。

食過翻尋味

【註】翻：返來。

【釋】嚐過美味或甜頭之後想再嘗試。

食得禾米多

【釋】吃的稻米多。形容做的壞事多。相當於國語的“壞事幹盡”。

食得唔好嘥

【註】嘥：浪費。

【釋】吃得的東西就不要浪費。流氓口中用以暗示可以佔其便宜的女子切莫放過。

食飽無憂米

【註】憂：擔心。

【釋】形容衣食無憂，生活豐足。

信不信由你

【釋】在講完一些荒誕的傳説之後常説的話，意思是：所説的事未必真實，你姑妄聽之，相信與否都由你自己決定。

風水輪流轉

【釋】指興衰會不斷轉化。相當於國語的"十年水流東，十年水流西"。

風打都唔甩

【釋】大風都颳不掉。形容：（1）男女之間的感情很好；（2）被人纏住，想盡辦法都撇不掉。

省到立立靚

【註】省：擦拭。立立靚：光亮耀眼的樣子。

【釋】這裡是香港二、三十年代賣擦銅粉的小販用作宣傳的話："係銅都省到立立靚"（凡是銅的器具都可以用它擦得亮晃晃的）。現在用作狠狠訓斥一頓或痛打一頓的代稱。

紅褲子出身

【註】紅褲子：舊時接受戲班訓練的學員都穿著紅色的“跑褲”。

【釋】戲班裡指科班出身。

屋似主人形

【釋】主人有什麼樣的品味，他的住所就有什麼樣的佈置；反過來說，從住所的佈置，也可以看出主人的品味。

面青口唇白

【釋】形容極為驚恐的樣子。

十畫

送羊入虎口

【釋】比喻白白送死。

送佛送到西

【釋】比喻幫人幫到底。

衰到加零一

【註】衰：缺德，討厭。

【釋】形容人極為討厭。

馬死落地行

【釋】坐騎死了，只好自己下地步行。比喻到了無所依賴的時候，便要自力更生了。

馬屎凴官勢

【釋】全句應是“腳踏馬屎憑官勢”。意思是：當官的騎著馬兒，跟班的雖然老是踩到馬屎，但總算是沾到一點官的光，於是也學著那個官作威作福起來。相當於國語的“狗仗人勢”或“狐假虎威”。

真珠冇咁真

亦作“珍珠冇咁真”

【釋】真珠都沒有這麼真，形容極為真確。

揦手唔成勢

【釋】想用手拿一件東西，都做不成一個手勢。比喻事情棘手、難辦，不知從何處著手才好。

財多身子弱

【釋】錢多了，身體因而變得差了。取笑人生病。

唔爭唔馨香

【註】馨香：形容事物的珍貴。

【釋】不爭不顯得珍貴。舉凡東西，一旦有人爭著要，便顯得珍貴起來。

唔使當風抰

同“有麝自然香，唔使當風抰”。

唔使問亞貴

【註】唔使：用不著。

【釋】咸豐年間，兩廣總督葉名琛，他有個扶乩手名叫亞貴，凡有甚麼疑難事，葉名琛總先問過亞貴。“唔使問亞貴”表示事情結局已經可以預料，不問可知。

唔衰攞嚟衰

【釋】好好的時運，偏要自己找晦氣。

唔係人咁品

【釋】形容人極兇殘或下流，不是人那樣的品性。

唔埋得個鼻

【註】唔埋得：不能靠近。

【釋】鼻子不能靠近，形容臭不可聞。

唔理得咁多

【釋】顧不了這麼多。

唔窮唔教書

【釋】不窮不教書。相當於國語的“家有三斗糧，不做孩子王”。

蚊髀同牛髀

【註】髀：大腿

【釋】蚊的大腿同牛的大腿相比。比喻兩者相差太遠。

針冇兩頭利

【釋】針不能兩頭都鋒利，比喻事情難以兩全其美。

秧地出老虎

【釋】種秧的稻田照理應該不會藏有老虎的，可是居然有。比喻小地方出大人物。

臭甕出臭土

【釋】比喻不好的家庭養育出來的不肖子弟。

烏蠅摟鹹魚

【註】烏蠅：蒼蠅。摟：叮。

【釋】蒼蠅叮鹹魚，比喻好色之徒死纏女人。

條命凍過水

【釋】這條命比水還冷。形容生命難保，危在旦夕。

俾個天做膽

【釋】給個天做膽。用於否定的意思，表示無膽去做某事。

孭蓑衣救火

同"孭蓑衣救火——自身難保"。

十一畫

做鬼都唔靈

【釋】誇張地形容人毫無長處，即使做了鬼都不會顯靈。

望山跑死馬

【釋】站在這邊山看那邊山，似乎距離很近，而實際上很遠，足以跑死一匹馬的。人們由此以"望山跑死馬"形容看起來很近，真正走起來遠的山路。

密食當三番

【註】 密食：打麻將術語。頻頻食牌。三番：打麻將術語，指非一般的勝局，可以贏得比一般勝局多三倍的賭款。

【釋】 頻頻食牌，多贏幾次一般勝局，就當作贏一次“三番”。相當於國語的“薄利多銷”。

執人口水濈

【註】 執：拾。口水濈：口水沫。

【釋】 從別人的口水沫裡撿來的。相當於國語的“拾人牙慧”、“人云亦云”。

斬到一頸血

【釋】 比喻被人索價太高、收費太多而大大破費。

頂到冇得頂

【釋】 從北方話“頂瓜瓜”衍化而來。從前大笪地和榕樹頭常有外省人來表演雜技，每表演到精彩處，便問觀眾：“頂瓜瓜嗎？”觀眾便跟著大聲喝采：“頂瓜瓜！”要是接著的表演更加精彩，外省人問：“是不是頂瓜瓜又頂瓜瓜？”觀眾便熱情地大喊：“頂到冇得頂！”

原來，香港人把“頂瓜瓜”誤解為“把一個瓜頂在頭上”；能把好幾個瓜頂到頭上，而不能再加瓜的時候，便叫“頂到冇得頂”。人們由此而以“頂到冇得頂”形容精彩絕倫，無以復加。常用以喝采。

連汁都撈埋

【釋】 吃完肉，連肉汁都喝光。形容乾淨、徹底。

蛇無頭不行

【釋】比喻沒有人帶頭，事情難以成功。

眼大睇過籮

亦作“眼大睇過界”

【註】睇過籮：看過了頭。

【釋】譏笑人瞪著大眼睛卻沒看到東西。

唻過你把口

【釋】意思同“唻”。婦女每當聽了一些厭惡的、不吉利的話，就用這句話斥責對方。

貪字變個貧

【釋】比喻因貪變貧。

笨卵加個箍（粗話）

【註】卵：男子生殖器。

【釋】形容人愚蠢至極。

猜飲唱靚柄

【註】柄：話柄，這裡指健談。

【釋】舊時指高級妓女的五項條件：善猜拳、喝酒、唱歌、漂亮、健談。

屙尿隔過渣

【註】屙尿：拉尿。

【釋】拉尿都要隔渣，形容人極吝嗇、刻薄。相當於國語的“針頭削鐵”。

屙尿遞草紙

【註】屙尿：拉尿。

【釋】人家拉尿，給遞草紙。比喻幫了不必要的忙。

陪太子讀書

【釋】比喻陪人做事。

陪太子讀書

十二畫

富貴逼人來

【釋】財運亨通，富貴逼人而來。

補鑊唔見枳

【註】鑊：鐵鍋。枳：補鍋時墊在破洞底下的濕布墊。

【釋】補鍋時不見了濕布墊，形容手足無措。

煮到嚟就食

【釋】人家煮來的東西就吃，表示使自己適應環境。

越擦越出屎

【釋】越擠壓得厲害，屎越出得多。比喻越逼得緊，吐露的秘密越多。相當於國語的“擠牙膏”。

棺材冇橫廳

【釋】舊時有錢人的大屋，有幾“進”深，幾“間”闊。正間之外，偏間的叫做橫廳，多作客廳、飯廳之用。可是人死之後，不論他生前多麼有錢，棺材都只能是一條長窿，而不能像大屋那樣可以另闢偏廳。這句俗語是諷刺守財奴的，意思是說，生前捨不得享受，到死了還不是棺材一具罷了。

揞住嘴嚟笑

【註】揞住：掩住。

【釋】掩住嘴笑。形容暗暗譏笑的樣子。

“搵”爛晒塊面

【註】“搵”：音wet，抓。

【釋】抓爛了臉皮。形容不顧體面。

貼錢買難受

【釋】花了錢受罪（如住下等旅舍或吃粗劣食品等）。

跌倒揦揸沙

同“跌倒揦番揸沙”。

跑馬射蚊鬚

【註】跑馬：騎著馬奔馳。

【釋】比喻成功機會極為渺茫。

喊到乙乙聲

【註】喊：哭。

【釋】形容放聲大哭。

喉嚨伸隻手

【釋】形容嘴饞，見到美食，好像會從喉嚨伸一隻手來抓。

飲咗門官茶

【註】門官：守門人。

【釋】形容笑口常開。

無三不成幾

【釋】有“三”以上的數，才可以稱為“幾”。

無事打三錘

【釋】香港有些辣手神探，每抓到疑犯先打三拳才問口供。相當於國語的“下馬威”。

無事奏三章

【釋】古代百官上朝，例必要日日啟奏三件事。比喻平日無事也要有所表現。

無私顯見私

【釋】雖然事不關己，也流露出心虛的樣子。

無定向飛彈

【釋】比喻不定向、無原則地到處開口攻訐人的人。

無針不引線

【釋】有針才引得線過。比喻凡事都需要有個中介人。

無債一身輕

【釋】沒欠人的債，一身輕鬆。

無端端發達

【釋】遇有意外收穫時的歡呼語。

無頭安出腳

【釋】沒有頭的身體居然也能安裝一隻腳上去，比喻造謠生事。

無錢同鬼講

【釋】沒有錢，你去跟鬼説吧，沒有人想聽你呻窮。意思是：沒錢就不能辦事。

開口夾著脷

【註】夾：咬。脷：舌頭。

【釋】一開口便咬著舌頭，比喻一開口便得罪人。

開正佢條槓

【釋】打麻將的術語。相當於國語的"正對他的勁"。

畫隻耳埋牆

【註】埋牆：在牆上。

【釋】形容不想聽對方説話，勉強畫一隻耳朵在牆上代表自己在聽。相當於國語的"姑妄聽之"。

揦起個火頭

【註】揦起：點燃起。

【釋】點燃起火頭，煽動起事端。

發風發出面

【註】風：指痲瘋。

【釋】痲瘋發到了臉上。比喻壞人劣跡終於顯現。

發夢冇咁早

【註】發夢：做夢。

【釋】做夢都沒有這麼早。形容時候還很早哩！

幾大就幾大

【釋】怎麼樣就怎麼樣，表示豁出去了，無論如何都要去做。

十三畫

煩過梵蒂岡

【註】煩過：比……更煩。梵蒂岡：這裡只取其"梵"與"煩"同音。

【釋】形容極為心煩。

新絲蘿蔔皮

【釋】皮草中有老羊皮，毛長色白，粵人俗稱"蘿蔔絲"，因為它的形狀像切得很細的蘿蔔絲。這種穿起來極暖、卻不貴氣的皮草，被人鄙稱為"新絲蘿蔔皮"，一些社會地位不高的暴發户常買這種皮草來穿以充撐場面。所以這句俗語常用來指那些輕飄飄的暴發户。

話都冇咁快

【註】話：説話。

【釋】説話都沒有它那麼快，形容極為快速。相當於國語的“説時遲，那時快”。

塘水滚塘魚

【釋】用塘裡的水煮塘裡的魚。比喻自相謀取利益。相當於國語的“煮豆燃豆萁”。

靴咁大個鼻

【釋】一個鼻子像靴那麼大，形容驕傲自大，目中無人。相當於國語的“鼻孔朝天”。

碗碟有相砍

【註】砍：碰撞。

【釋】放在一起的碗碟，難免不碰撞的。比喻一起相處久了，難免發生齟齬。

搞到一鑊泡

【註】鑊：鐵鍋。

【釋】搞到一鍋泡沫，比喻惹下一堆麻煩。

搽咗面懵膏

【註】搽咗：搽了。面懵：羞愧，難為情。

【釋】搽了預防羞愧的藥膏。表示不知羞愧。

想爛你心肝

【釋】諷刺人想得美，可是願望永遠達不到。相當於國語的

“癩蛤蟆想吃天鵝肉”。

落手打三更

【釋】打更應該從一更打起。一起手便打三更，指一開始便出錯。

賊佬試沙煲

【註】沙煲：瓦鍋。

【釋】盜賊在行竊之前，先把瓦鍋伸進屋裡以試探動靜。相當於國語的“投石問路”，多用於貶義。

暈低一陣陣

【註】暈低：暈倒。

【釋】形容被美色所迷倒，也形容極為驚訝。

過門就係客

【釋】即便是多麼熟悉的人，過了門便是客人。表示熟人來家，也要殷勤招待。

過海變神仙

【釋】比喻只要僥倖地過了這一關，以前的種種污點盡可抹去，日後的種種困難也不在話下。

跪地唔見狀

【註】狀：告狀的狀紙。

【釋】跪著見官的時候，才發現不見了狀紙。比喻臨事的時候才發現丟失了辦這件事最重要的東西。

跪地餼豬乸

同“跪地餼豬乸——睇錢份上”。

愛妻敬外母

【釋】因為愛妻，連帶也尊敬岳母。相當於國語的“愛屋及烏”。

亂過一舊雲

【註】一舊：一塊。

【釋】形容極混亂。相當於國語的“亂成一鍋粥”。

亂過亂葬崗

【註】亂葬崗：無人管理、任人埋葬屍首的土崗子。

【釋】比亂葬崗還要亂，形容屋子裡東西凌亂不堪。

亂噏當祕訣

【註】亂噏：亂說。

【釋】把胡說八道的東西，說得像是甚麼祕訣似的。

腦囟未生埋

【註】未生埋：還沒有長到一塊。

【釋】小孩的囪門要到七、八歲時才能長到一塊。如果連腦囟都還未曾長到一塊，那是年紀尚幼。譏笑人思想幼稚。相當於國語的“乳臭未乾”。

腦筋急轉彎

【釋】情急生智的俏皮說法。

獅子擘大口

【註】擘：張開。

【釋】像獅子那樣張開了血盆大口。形容人開天殺價。

隔河千里路

【釋】相當於國語的"咫尺天涯"。

十四畫

實食冇黐牙

【註】黐牙：黏牙。

【釋】比喻十拿九穩。

慘過梁天來

同"苦過梁天來"。

趕狗入窮巷

【註】窮巷：沒有出口的巷。

【釋】把狗趕進死胡同。相當於國語的"逼虎傷人"。

疑心多病症

【釋】疑心大的人總以為自己患了許多病症。相當於國語的"疑心生暗鬼"。

監人食死貓

【註】監：強迫。食死貓：背黑鍋。

【釋】迫人背黑鍋。

銀紙打水撇

【註】銀紙：鈔票。打水撇：拿薄片的石頭用力貼著水面打過去，石頭可以在水面上跳好幾下，跳得很遠才沉下去。

【釋】把鈔票當石頭拿去打“水撇”，比喻有去無回。

鼻哥窿冇肉

【註】鼻哥窿：鼻孔。

【釋】形容驚恐過度，以致鼻孔裡的肉都收縮了。

聞見棺材香

【釋】比喻離死期已近。相當於國語的“行將就木”。

十五畫

養狗咬春袋（粗話）

【註】春袋：男子的陰囊。

【釋】養了狗，狗卻咬主人的下陰。罵人背叛主人。

窮過呂蒙正

【註】窮過：比……更窮。呂蒙正：古人，寒微時曾住過破窰，做過乞丐。

【釋】形容窮困之極。

熟人買破鑊

【註】鑊：鐵鍋。

【釋】向熟人買鐵鍋，卻買了個破的。比喻上了熟人的當。

賣花讚花香

【釋】相當於國語的"老王賣瓜，自賣自誇"。

豬乸戴耳環

【註】豬乸：母豬。

【釋】母豬戴耳環，譏諷醜女人也學人打扮。相當於國語的"東施效顰"。

劏雞嚇馬騮

【註】劏：宰殺。馬騮：猴子。

【釋】相當於國語的"殺雞儆猴"。

噏得出就噏

【註】噏：說。

【釋】說得出就說，責備人信口開河。

瞓到噱噱聲

【註】瞓：睡覺。噱噱：形容鼾聲。

【釋】形容呼呼大睡。

賤物鬥窮人

【釋】貨品廉價傾銷，像是挑戰窮人的購買力。

賭錢輸窮鬼

【釋】賭錢的時候，輸家偏偏多是窮人。

踩住人膊頭

【註】踩住：踩著。膊頭：肩膀。

【釋】比喻損人利己。

膝頭大過髀

【註】髀：大腿。

【釋】膝頭本來應比大腿小。“膝頭大過髀”形容：（1）骨瘦如柴；（2）該大的不大，該小的不小。例如做衣的工錢比衣料還貴，便常以“膝頭大過髀”來形容。

膝頭撟眼淚

【註】撟：拭。

【釋】以膝頭抹眼淚。形容傷心無助，抱膝而泣。

十六畫

頭頭碰到黑

【註】頭頭：到處。黑：倒霉。

【釋】形容到處碰壁，倒霉之至。

嘴硬屎忽軟

同“口硬屎忽軟”。

錢多瞓唔著

【註】瞓：睡

【釋】錢多了反而睡不著。形容有錢人也有煩惱。

錢財身外物

【釋】錢財是身外之物，不值得吝嗇。這句話常用作於慷慨花錢之前説的豪言壯語。

遲嚟先上岸

【註】嚟：來。

【釋】相當於國語的“後來居上”。

十七畫

齋口唔齋心

【釋】口裡吃齋，心不吃齋。譏諷人口頭上仁義道德，內心裡卻男盜女娼。

講心唔講金

【釋】只重視真心相愛，而不重視金錢。

講金唔講心

【釋】只重視金錢，而輕視感情。

講笑搵第樣

【註】第樣：另一樣。

【釋】要想説笑，就應該找另一樣來説笑。指斥對方不該拿這件事來開玩笑。

聲大夾冇準

【註】夾：兼且。冇準：不符合實際。

【釋】取笑人話多、聲大，沒有一句説得對。

臨天光瀨尿

【註】瀨尿：尿牀。

【釋】快到天亮的時候才尿牀，比喻功敗垂成、功虧一簣。

臨老學吹打

【釋】到了老年才學習吹打樂器，取笑人到了老年才改行。

賺錢入錢罌

【註】錢罌：撲滿，儲錢用的陶製器具。

【釋】形容人做工並非等著錢用。

賺錢買花戴

【釋】形容人做工並非為了糊口，而是為了添妝。用來讚歎人經濟寬裕，做工或不做工都無所謂。

薑係老嘅辣

【釋】薑是老的辣。比喻老年人厲害。

蹋死黃絲蟻

【註】蹋：打滑。黃絲蟻：黃色的小螞蟻。

【釋】取笑人的頭髮梳得光滑亮，小螞蟻爬上去一準滑下來摔死。

點到你唔服

【釋】原是某種速食麵的廣告語句，表示人家實際上比你好，容不得你不服。

臉皮尺幾厚

【釋】譏笑人臉皮厚。

擘大眼瀨尿

【註】擘大：瞪大。瀨尿：尿牀。

【釋】張著大眼睛尿牀。比喻明知不行，可是礙於情勢，不得不任由這遭遇到來。

𡃁仔拉心肝

【註】𡃁仔：最小的兒子。拉：連著。

【釋】最小的兒子連著父母的心肝。形容父母往往最疼惜最小的兒子。

十八畫

騎牛遇親家

【釋】舊時出門以騎馬為榮，騎牛是很失面子的事，偏又遇到親家。比喻失面子的事，偏又被熟人見到。

雞腸將膏煎

同“大甕打瀉油，雞腸將膏煎”。

雞頭噏鴨頭

【註】噏頭：點頭。

【釋】廣東人把言語無法溝通謔稱為“雞同鴨講”。“雞頭噏鴨頭”則是形容兩個語言互不相通的人，居然交談甚歡，兩人頻頻點頭。

簞咁大個頭

【註】簞：舊時稱籮、筐一類的大小竹編器物。

【釋】頭大得像簞一樣。相當於國語的“頭大如斗”。

蟻多摟死象

【註】摟：叮，咬。

【釋】螞蟻多可以咬死大象。比喻團結起來力量大。

懶人多屎尿

【釋】取笑人極懶惰，一叫他做事，便一會兒拉屎，一會兒拉尿。

懵到上心口

【註】懵：糊塗。心口：胸口。

【釋】糊塗上到了胸口，取笑人極糊塗。

識你係老鼠

【釋】知道你是老鼠。表示老早就知道你的底細，用不著再裝腔作勢了。

藤條炆豬肉

【釋】挨了一頓藤條打。（諧謔）

藥醫不死人

亦作“藥醫不死病”

【釋】藥只能醫治不致死的病人（病）。形容藥物的作用並非萬能。

羅漢請觀音

【釋】比喻男士宴請女士。

二十一畫

霸王硬上弓

【註】霸王：指西楚霸王項羽，以“力拔山兮氣蓋世”著名。

【釋】霸王以兇悍勇猛出名，無論多硬的弓他都拉得開。比喻恃勇力逼人就範，亦比喻男子恃強凌辱女性。由此引伸的系列俗語有“食霸王飯”、“搭霸王車”、“睇霸王戲”、“叫霸王雞”，都是指恃強吃飯、搭車、看戲、召妓而不肯付錢的人。

二十二畫

聽風就當雨

【釋】比喻只看到一點跡象，就輕率地信以為真。相當於國語的“捕風捉影”。

聽價唔聽斗

【註】聽斗：舊時農村買賣糧食，憑穀粒落入斗裡的聲音判斷曬得乾不乾。

【釋】只顧聽價錢貴不貴，而不聽斗裡的穀粒乾不乾。比喻只注重價錢而忽視商品的質量。

攤凍至嚟食

【註】攤凍：把東西攤開，讓它涼下來。

【釋】把東西攤開，等它涼下來以後吃。比喻把棘手、敏感的問題暫時擱置一段時間之後才處理。

攞命嚟較飛

【註】較飛：作實驗。

【釋】拿生命來作實驗。相當於國語的“以生命作賭注”。

攞朝唔得晚

【註】唔得晚：等不到晚上。

【釋】早上掙來的錢，等不到晚上便用光了。形容現掙現吃、入不敷出的窘境。

籠裡雞作反

【釋】同一個雞籠裡的雞造反。比喻內鬨，亦比喻吃裡扒外，勾結外人反對自家人。

六字

一至二畫

一個蜆一個肉

【註】蜆：蛤蜊。

【釋】每一隻蛤蜊都有一塊蛤蜊肉在貝殼裡。相當於國語的“一個蘿蔔一個坑”。

十年唔逢一閏

【釋】按農曆計算，十年之中應該有四次閏年。“十年不逢一閏”形容罕見。

人有三衰六旺

【釋】表示人生總有走運之時，也會有倒運的日子。

人多熠狗唔腍

【註】熠：煮，炖。腍：肉爛。

【釋】 很多人在一起炖狗肉，性急的等不得狗肉爛，便開始吃了。所以說人多狗肉煮不爛。比喻人多反而辦不成事。

八九萬周時掉

【註】 周時：經常，隨時。

【釋】 在麻將中，八萬九萬屬於邊章，隨時打掉它們都不可惜。比喻隨時準備扔掉的無用之物。

三畫

大雞唔食細米

【釋】 大雞不啄小米，比喻做大生意的人不屑賺取小的利潤。

上得牀搣被冚

【註】 冚：蓋。

【釋】 上得牀就拉被子蓋。形容得寸進尺。

山大斬埋有柴

亦作“山大斬埋有柴燒”

【釋】 山大，只要勤砍，便不愁沒有柴燒。相當於國語的“聚沙可以成塔”。

四畫

冇呢支歌仔唱

【註】 歌仔：歌。

【釋】 表示時代已經不同，再沒有以前那樣的機會。

冇屎唔入屎坑

【註】冇屎：沒屎拉。

【釋】比喻非不得已，不會做某事。也比喻人做壞事，總有些蛛絲馬跡。

冇眼屎乾淨盲

【釋】與其眼屎糊得眼睛都看不見，不如做個沒有眼屎的乾淨盲人。比喻趕緊脫手，免遭損失，或表示眼不見，心不煩。

今時唔同往日

【釋】相當於國語的"今非昔比"。

手板眼見功夫

【釋】指簡易的手藝。

手指罅漏出嚟

【註】罅：縫隙。

【釋】手指縫漏出來。比喻吝嗇鬼的施捨數目不多。

水頭嘴頭嘜頭

【註】嘜頭：貨品的商標。

【釋】舊時的所謂"追女三頭"，想追女孩子首先要有水頭（足夠的錢），嘴頭（能言善道）、嘜頭（一表人材）。

生米煮成熟飯

【釋】米已成炊，表示事已成定局，無法挽回。

生馬當死馬醫

【釋】比喻對於已經絕望的事，仍勉力挽救，希望於萬一。相當於國語的“死馬當做活馬醫”。

生舊叉燒好過

【註】舊：量詞，一塊。

【釋】母親用來罵兒子的話：早知生了你這麼一個壞孩子，不如生一塊叉燒更好些。

出處不如聚處

【註】聚處：貨物聚散處，即市場。

【釋】指產品在產地的不如在外地市場的好。

四萬咁嘅面口

【註】面口：嘴臉，面部表情。

【釋】像麻雀牌四萬那樣的面部表情，這裡只截取“四”字，以形容十分開心時笑得門牙盡現的口部形狀。

打跛腳都唔憂

【註】憂：掛慮。

【釋】形容人有了經濟依靠（例如娶了富家女），即使被人打跛腳，終生失去工作能力，也用不著掛慮。

打鑼都搵唔到

【註】搵：找。

【釋】形容到處都找不到某人。

老人院都唔收

【註】唔收：不肯收。

【釋】形容人喋喋不休，比老年人更加厲害。

老番睇榜第一

【註】老番：外國人。

【釋】指最後一名。中文名榜直行，自右向左排列，外國人來看榜，誤以為最後一名即是第一名。

老鼠跌落天秤

同“老鼠跌落天秤——自稱自”。

百幾萬未開頭

【註】未開頭：未動用。

【釋】舊時百幾萬已是一筆很大的財富，有百幾萬未動用，當然是富翁。這話常用來諷刺未富先驕的人，裝得像是百萬富翁似的。

有乜冬瓜豆腐

【註】有乜：有甚麼。

【釋】相當於國語的“一旦有個三長兩短”。

有三兩下散手

【註】散手：不成套的拳法。

【釋】讚人果然有些小本事。

有咁啱得咁巧

【註】啱：碰巧。

【釋】形容非常碰巧。

有得震冇得瞓

【註】瞓：睡覺。

【釋】形容心驚膽戰，寢食難安。

光棍遇著擂槌

【註】光棍：騙子。擂槌：鼓槌。

【釋】光棍遇到鼓槌（鼓槌也是光棍，光溜溜的棍子也）。比喻滑頭對滑頭。

吐篤口水講過

【註】篤：量詞，一口。

同"吐口水講過"。

好心唔得好報

【釋】好心得不到好報，感慨好人難做。

好水冇多幾朝

【註】好水：指及時雨。朝：早晨，也指日子。

【釋】及時雨難得經常遇到，比喻好的機會不常有。

好過舊時好多

【釋】呵護孩子的話，讚他比過去好了許多。

好頭不如好尾

【釋】告誡人相處，開始時要友好，分別時更要友好，不可到最後才弄壞了友情。也比喻做事情要善始善終。

七畫

見過大蛇屙屎

【註】屙：拉（大小便）。

【釋】連大蛇拉屎這種罕見的事都見過，形容見過大世面。

見過鬼就怕黑

【釋】相當於國語的“一朝被蛇咬，三年怕草繩”。

八畫

定過阿肥抬油

【註】定過：比……更加穩當，穩妥。

【釋】肥人動作緩慢，讓肥人扛油，不致有倒翻之虞。人們因此以“定過肥人抬油”（比肥人抬油更穩當）來形容十分穩當、穩妥。

兩個心未為多

【釋】表示凡事預留後路。相當於國語的“狡兔三窟”。

拗開個錢有血

【釋】形容每個錢都是用血汗掙來的。

咁又唔同講法

【釋】這又有不同的說法。常用於對方改變條件，我方表示願意考慮的情況。比如對方要我做某事，我隨即拒絕；但對方提出給予合理的報酬，我就可以用這一句話，表示情況如此，便可以去做。

使銅銀夾大聲

【註】銅銀：假的銀元。夾：兼且。

【釋】使用假銀元的人竟然大聲罵人。比喻理虧的人還要發惡。

周身刀冇張利

【釋】滿身是刀，卻沒有一把是利的。取笑人樣樣會，但是沒有一樣精通。

返去舊時嗰度

【註】嗰度：那個地方。

【釋】回到舊時那個地方，“死亡”的俏皮說法。

阻住個地球轉

【釋】罵人成為工作中的絆腳石。

九畫

前世冇銀掟口

【註】掟口：放在口裡。

【釋】廣東舊時風俗，人死後放一個銀錠在死者口中。上一輩子沒放銀錠在口裡，揶揄人這輩子嘴多。

前世撈亂骨頭

【註】撈亂骨頭：把彼此的骨頭亂放在一起。
【釋】比喻互相仇恨，好像是前世彼此的骨頭亂放在一起。。

度住屎忽裁褲

【註】度住：量（長短）。屎忽：屁股。
【釋】按照屁股的大小來裁褲。相當於國語的"量體裁衣"。

神主牌都會郁

【註】郁：動。
【釋】神主牌都會動，形容人大走紅運。

相請不如偶遇

【釋】想招待路上偶遇的友人時所說的客套話。

指冬瓜畫葫蘆

【釋】指給你冬瓜，你卻畫個葫蘆出來。比喻滿口胡言。

指冬瓜畫葫蘆

英雄莫問出處

【註】出處：出身。

【釋】即使出身微賤，也不能影響人成為英雄。

食咗山楂麥芽

【註】食咗：吃了。山楂麥芽：幫助消化的中藥。

【釋】形容胃口出奇地好，好像是吃過幫助消化的山楂、麥芽。

食藥多過食飯

【釋】取笑人多病，吃藥的次數比吃飯還多。

食得大頭菜多

【釋】指斥人説話做事不切實際，如同“做夢”説夢話。據民間説，大頭菜吃得多，夢也多，所以有這句俗語。

姣婆守唔到寡

【釋】淫蕩的女人守不得寡。相當於國語的“江山易改，本性難易”、“狗改不了吃屎”。

十畫

逆水好過灣船

【註】灣：停泊。

【釋】逆水行船也比停泊不動為好。相當於國語的“不怕慢，只怕站”。

家醜不可外傳

【釋】相當於國語的““家醜不可外揚”。

病到五顏六色

【釋】形容病重。

真珠都冇咁真

同“真珠冇咁真”。

桐油埕裝桐油

【註】埕：罐子。

【釋】裝桐油的罐子只能裝桐油。比喻文化程度低的人只適宜做粗重的工作。

唔識眉頭眼額

【釋】形容人不懂得看人臉色。相當於國語的“不懂眉高眼低”。

借咗聾陳隻耳

【釋】向“聾人陳”借隻耳朵，表示故意裝聾不聽。

倒吊冇滴墨水

【釋】把人倒吊起來都沒有一滴墨水流出來。取笑人沒有知識，胸無點墨。

倒屎都冇咁早

【釋】舊時鄉下人在拂曉時分入城替城市人挨家挨户倒糞桶。“倒糞桶都沒有這麼早”，形容時候甚早。

鬼打都冇咁醒

【註】醒：機靈，聰明。

【釋】形容十分機靈，亦形容精力充沛。

狼過華秀隻狗

【註】華秀是舊時人名，愛養狗，其中有隻狗十分兇惡。

【釋】形容人兇惡，比華秀的狗更厲害。

留住嚟攝竈罅

【註】攝：堵塞。

【釋】留下來填塞竈的隙罅。取笑人女兒遲遲未嫁。

留番拜山先講

【註】拜山：掃墓。

【釋】留待掃墓的時候才說。嫌人說話囉嗦，常用這句話叫人住口。

十一畫

俾人揸住痛腳

【釋】被人捉住痛腳。相當於國語的“被人抓住小辮子”。

做生不如做熟

【釋】從事熟悉的行業，比從事陌生的行業好。亦表示在原機構工作，比跑到另一個新機構工作好。

做咗鬼會迷人

【釋】做了鬼，便會迷惑人。比喻一旦變成異類，便學會了害人的伎倆，不再與舊時的同類講客氣。

斬腳趾避沙蟲

【註】 沙蟲：一種傳説中的蟲，據説被牠咬了會引致腳氣病；也有人説是蛭的俗名。

【釋】 為避沙蟲咬而斬掉腳趾，比喻為逃避小麻煩而作大犧牲。相當於國語的"因噎廢食"。

啱啱撞著剛剛

【註】 啱啱：剛剛。

【釋】 形容碰巧得很。

眼不見為乾淨

亦作"眼唔見為伶俐"

【釋】 食物在烹煮過程中，有時是很髒的，但是，只要我們沒見到，便當它是衛生食品。

眼眉毛雕通瓏

亦作"眼眉毛雕通眼"

【釋】 連眉毛都能夠雕通，形容人玲瓏剔透。

眼袋大過褲袋

【釋】 譏笑人的眼袋大。

眼袋大過褲袋

眼睛生響頭頂

【釋】眼睛生在頭頂上，形容人驕傲自大，目中無人。

眼睛食冰淇淋

【釋】男性欣賞穿著泳裝女子的俏皮說法。

張天師遇鬼迷

【釋】專職治鬼、捉鬼的張天師，居然被鬼所迷。比喻老手偶爾也會失誤。

黃絲蟻都蹋死

同“蹋死黃絲蟻”。

十二畫

喃嘸佬畀鬼迷

【註】喃嘸佬：道士。

【釋】專職治鬼、捉鬼的道士，居然也被鬼所迷。比喻老手偶爾也會失誤。相當於國語的“仙人打鼓也會錯”。

湊夠一個“好”字

【釋】“好”字由一子一女組成。所以已有一女，再生一子（或已有一子，再生一女），人們便說“湊夠一個‘好’字”。

跌咗成地眼鏡

亦作“跌咗成地眼鏡片”

【釋】掉得滿地都是眼鏡（眼鏡的碎片）。形容某事結局大出人們意外，以致事前作出預料的人頻呼“想不到”。

跌倒揦番揸沙

【註】揦番：抓回。揸：量詞，一把。

【釋】跌倒了也抓回一把沙。比喻失敗了也硬要找幾條理由為自己換回面子。

睇個錢天咁大

【釋】把錢看得像天那麼大。譏諷人吝嗇。

睇戲唔好駁戲

【釋】告誡人看戲只求娛樂，不要計較戲的情節合理不合理。

買生不如買熟

【釋】向生的店舖買東西，不如向熟的店舖買。

絡定屎忽吊頸

【註】絡定：用網兜兜住。屎忽：屁股。

【釋】用網兜兜住屁股才去吊頸。比喻做事穩妥，力保萬無一失。

畫公仔畫出腸

【註】公仔：畫中的人物。

【釋】畫人物連他的腸都畫出來。比喻説話説得直率、過分，以致點出要害，令當事人難堪。

過咗海就神仙

【釋】過了海就是神仙。意指：這一招如能成功，便可瞞天過海。

稟神都冇句真

【釋】連在向神稟告時都沒有一句真話。譏諷人慣於説謊。

廉記請飲咖啡

【註】廉記：港人對廉政公署的俗稱。

【釋】廉政公署對懷疑對象，第一步便是約懷疑對象飲咖啡，作初步調查。人們由此以“廉記請飲咖啡”諔稱成為廉政公署調查的對象。

雷公劈都唔開

【釋】雷公都劈不開。諔稱極度吝嗇的人。

嘞油嘞到火水

【註】嘞：吸。火水：洋油。

【釋】吸油吸到了洋油。相當於國語的“不吃羊肉，惹一身膻”。

亂過“亂世佳人”

【註】亂世佳人：荷里活影片名。

【釋】比“亂世佳人”還要亂（這裡只借用影片名中的“亂”字，而與影片內容無關）。形容極亂。

獅子咁大個鼻

【釋】像獅子那麼大的鼻。譏刺人的態度極端傲慢。

嘥心機捱眼瞓

【註】嘥：白費。眼瞓：瞌睡。

【釋】捱更抵夜的努力都成白費。指徒勞無功。

十四畫

誓願當食生菜

【註】生菜：萵苣，香港人常吃的蔬菜。

【釋】把起誓當成吃萵苣那麼稀鬆平常。諷刺人常常發誓，卻從不守信。

寡母婆咁多心

【註】多心：多疑心。

【釋】守寡的婦人怕人説是非（所謂“寡婦門前是非多”），所以在待人接物時疑心特別重。人們由此以“寡婦婆咁多心”（像守寡的婦人那麼多疑心）譏刺人多疑。

銀行多過米舖

【釋】舊時，米舖很多，後來，銀行開得密起來，比米舖還多。這句話是形容香港的一種特有的情形。

銀紙煲綠豆沙

【釋】拿錢幣去煮綠豆沙湯。形容歡場豪客一擲千金的揮霍。

鳳凰無寶不落

【釋】傳説鳳凰只揀有寶藏的山頭才肯落下。人們由此以“鳳凰無寶不落”譏刺專揀有利益可沾的地方鑽的人。

十五畫

撞板多過食飯

【註】撞板：碰壁。

【釋】碰壁的次數比吃飯還多。形容總是碰壁。

蝨乸都要擔枷

【釋】人犯了罪，連他身上的蝨子也要陪他戴枷。形容一人犯罪，全家受累。

膝頭哥撟眼淚

同“膝頭撟眼淚”。

彈到樹葉都落

亦作“彈到樹葉都落埋”

【註】彈：批評、指責。

【釋】形容把人批評得體無完膚，貶得一文不值。

遲到好過冇到

【釋】遲到總比不到好。

十六畫

龍牀唔似狗竇

【註】狗竇：狗窩。

【釋】皇帝睡的龍牀都不如自己的狗窩舒適。表示無論甚麼地方都不及自己的家舒適。

頭毛尾浸浸涼

【釋】 連髮梢都感到極為涼快，形容幸災樂禍的心態。

輸咗一個馬鼻

【釋】 馬場術語。跑第二名的馬比跑第一名的馬輸一個馬鼻的距離。對以小比數輸給對手表示惋惜。

輸咗幾個馬身

【釋】 馬場術語。指比跑第一名的馬輸了一段很長的距離。比喻輸了很大的比數。

擔屎唔敢偷食

【釋】 挑糞都不敢偷吃一口，誇張地形容人老實巴交。

頻倫唔得入城

【註】 頻倫：手忙腳亂。

【釋】 手忙腳亂進不得城，比喻欲速不達。

十七畫

講明就陳顯南

【註】 陳顯南：做廣告的人名。

【釋】 已經說清楚是陳顯南，當然是賣廣告的啦。比喻不言而喻。

臨老唔過得世

【註】 唔過得世：不能舒舒服服地過晚年。

【釋】 到了年老的時候，因為家庭窮困或因子孫不孝，以致晚年過得很辛苦。

擘大口得個窿

【註】擘大：張大。

【釋】張大個口像個洞那麼大。形容人張口結舌，說不出話來。也諷刺人平時好吹牛皮，神氣十足，到了真正臨事，卻沒有一點兒本事。

擘大眼講大話

【註】擘大：瞪大。

【釋】瞪大著眼睛說謊話。

十八畫

雞乸咁大隻字

【註】雞乸：母雞。

【釋】像母雞那麼大的字。形容字很大。有時也用以責備人對公告牌上或合約裡寫的字故意假裝見不到。

二十畫

贏咗一個馬鼻

【釋】馬場術語。跑第一名的馬只贏第二名的馬一個馬鼻的距離。比喻險勝。

贏咗幾個馬身

【釋】馬場術語。跑第一名的馬贏了跟在後面的馬好長一段距離。比喻以大比數取勝。

獻醜不如藏拙

【釋】 與其獻醜，不如藏起自己的短處。

二十一畫

爛泥糊唔上壁

【釋】 爛泥巴糊不上牆壁。比喻庸才不堪造就，相當於國語的“朽木不可雕”。

二十二畫

攞景定係贈慶

【註】 攞景：畫畫（或照相）取景。定係：抑或是。贈慶：幫人家增添喜慶。

【釋】 舊時中秋節前，餅家在店門外張燈結綵宣傳月餅。大餅家都在門頭畫大幅的廣告畫。有的廣告畫以時人時事取景，寄寓諷刺之意。看了這類諷刺畫，人們就有“攞景定係贈慶”（是取景加以諷刺還是替中秋增添節日喜慶）的疑問。人們由此以“攞景定係贈慶”指責人藉著祝賀之名行冷諷熱刺之實。

二十三畫

攪出個大頭佛

【註】 大頭佛：舞獅時逗引獅子、戴大頭面具的人。

【釋】 平白無故弄出一個大頭佛來。比喻無端白事惹出麻煩，相當於國語的“無事家中坐，禍從天上來”。

七字

一畫

一山不能藏二虎

【釋】 比喻同一個地區容納不下兩個鋒頭人物，他們一定會互相爭鬥不休的。

一山不能藏二虎

一本通書睇到老

亦作“一部通書睇到老”

【註】 通書：即老皇曆。

【釋】 一輩子總是按老皇曆辦事。比喻墨守成規，不識變通。

一句唔該使死人

【註】 唔咳：勞駕。使：差喚。

【釋】 嘴上一句“唔該”，就把人呼來喚去地差遣。相當於國語的“叫人不賠本，舌頭滾一滾”。

一言驚醒夢中人

【釋】 聽了一句話之後，恍然大悟。

一把火零一塔香

【註】塔香：供於佛像前的塔形息香。

【釋】一把火（大火）再加上一塔香（小火）。形容火上加油，憤怒之極。

一命二運三風水

【釋】依相學術士説，決定人一生禍福的三個重要因素依序排列為一、命；二、運；三、風水。

一家便宜兩家著

【註】著：即著數，有便宜。

【釋】一家佔了便宜，另一家也有益處。表示做一件事，對合作的雙方都有好處。

一家唔知一家事

【釋】一家不知一家事。相當於國語的“各家都有一本難唸的經”。

一根草一滴霧水

亦作“一根草一滴霧露”

【釋】比喻人人自有老人照顧。相當於國語的“天無絕人之路”。

一啖沙糖一啖屎

【註】一啖：一口（量詞）。

【釋】給一口沙糖給一口屎，比喻恩威並施。

一隻手掌拍唔響

【釋】相當於國語的“一個巴掌拍不響”。

一眼針冇兩頭利

【釋】相當於國語的“針無兩頭利”。

一處鄉村一處例

【釋】各地有各地的風俗習慣。

一試便知龍與鳳

【釋】龍與鳳均是古人眼中的吉祥動物，但習慣上以龍為上，鳳則次之。人們由此以“一試便知龍與鳳”指一試便可分出高下。

一樣米食百樣人

【釋】形容多少人，就有多少種品性。

一磚豆腐想升仙

【註】一磚：一塊（量詞）。

【釋】比喻妄想一步登天。

二畫

十隻手指有長短

【釋】比喻一群人或一堆物件之中必然有賢有愚，有好有壞，不可一概而論。

十個甕缸九個蓋

【釋】比喻入不敷出，靠借債過日子。

十畫都未有一撇

【釋】相當於國語的“八字還沒有一撇”，比喻事情尚在開始階段，以後的工作還多著哩！

人人自認屎忽白

同“自認屎忽白”。

人生仔你生石頭

【註】仔：兒子。

【釋】取笑人的兒子不肖。

人多劏狗狗唔死

【註】劏：宰殺。

【釋】人多殺狗狗不死。形容人多手雜，反而辦不成事。

人怕出名豬怕壯

【釋】人出了名便易招惹麻煩，正如豬肥了便快要被人捉去宰殺一樣。

人衰行路打倒褪

【註】衰：倒霉。倒褪：倒退。

【釋】形容人極倒霉，事事不如意。

入赤柱食皇家飯

【註】食皇家飯：舊時稱公職人員。

【釋】關進赤柱監獄的戲謔語（因為坐牢也是皇家供飯的）。

三人六耳不同謀

同“六耳不同謀”。

三分顏色當大紅

【釋】才有三分的淡紅，便自以為是大紅了。比喻稍獲他人賞識，便飛揚跋扈。

上好沉香當柴燒

亦作“大好沉香當爛柴”

【註】沉香：檀香，珍貴木材。

【釋】比喻不知人善用，或把珍稀物品當作一般貨品賤賣。

上陣不離父子兵

【釋】形容父子一起上陣或做事。

上得牀來掀被冚

同“上得牀掀被冚”。

大食唔窮倒算窮

【釋】比喻因小失大；佔小便宜，吃大虧。

千年道行一朝喪

【釋】比喻有名望的人因一次過錯而弄得身敗名裂，晚節不保。

千金難買心頭好

【釋】最要緊是心頭所好，多花點錢去買也值得。

乞嗤必有佳人想

【註】乞嗤：打噴嚏。

【釋】民間認為，打噴嚏，必定是有美人在想念。

小心駛得萬年船

【釋】告誡人凡事小心，才不至於發生危險。

小鬼唔見得大神

【釋】小鬼見不得大神。比喻老百姓不敢與大官（大人物）來往。

小鬼唔見得大神

天跌落嚟當被冚

【註】跌落嚟：掉下來。冚：蓋。

【釋】比喻處世曠達、灑脫，對任何困難的境況都會處之泰然。

五窮六絕八翻生

【釋】常用於描述電影市道，因五、六月間學生忙於會考、期末考，所以電影市道極差，等到七月，學生放了暑假，電影市道又有起色了。

冇咁衰講到咁衰

【註】咁：這樣。衰：差勁、低劣。

【釋】把人或物刻意詆毀、醜化。

太陽底下無新事

【釋】形容某件新聞並無新意，只不過是一些過去的事重複發生而已。

牛皮燈籠兼入漆

【註】入漆：上油漆。

【釋】用牛皮做燈籠，已是透不出光亮了；如今牛皮更上了黑油漆，就更加透不出半點光亮來了。譏刺人極愚鈍。

禾蟲過咗恨唔返

【註】禾蟲：輪沙蟲，生在稻田裡，廣東人視為美味。恨唔返：想都想不回來。

【釋】 禾蟲上市的季節過了，再怎麼想吃也沒有辦法了。比喻行事須及時，機會一去不復返。

手指拗入唔拗出

【釋】 手指向手掌裡彎。比喻自己人要幫自家人，相當於國語的"胳膊往裡彎"。

手指拗出唔拗入

【釋】 手指不往手掌裡彎。責備人專幫外人而不幫自己人。相當於國語的"胳膊往外彎"。

反轉豬肚就係屎

【釋】 比喻翻臉無情。

引狼入室拉雞仔

【註】 拉：捉。雞仔：小雞。

【釋】 相當於國語的"引狼入室"。

五畫

未見過大蛇屙屎

【註】 屙屎：拉屎。

【釋】 形容未見過世面，也有不知死活之意。

左跳酒肉右跳財

【釋】 眼眉跳的自我安慰：左邊眼眉跳預兆有酒肉吃，右邊眼眉跳預兆有錢財賺。

左腳趾卒右腳趾

【註】卒：擦。

【釋】左腳趾擦右腳趾。形容吃飽沒事做。

打死不離親兄弟

【釋】形容血濃於水，兄弟同甘苦共患難。

打完心口打背脊

【註】心口：胸口。

【釋】打完胸口又打脊背。形容（1）懲罰的嚴厲；（2）毆打的厲害。

打完齋唔要和尚

【註】打齋：人死之後，喪家請和尚誦經替死者的靈魂超度的活動。

【釋】打完齋不要和尚，比喻“過河拆橋”。

打法功夫還鬼願

【釋】比喻敷衍應付。

打得更多夜又長

【註】打更：舊時一夜分五更，夜裡有人打更報時。

【釋】失眠的人總是埋怨打更的人，打了那麼多次更，使夜晚變得那麼長。形容空言無用。

打腫塊面充肥佬

【註】塊面：那塊面。肥佬：胖子。

【釋】相當於國語的“打腫臉充胖子”。

打醒十二分精神

【註】打醒精神：提高警覺。

【釋】告誡人要當心，提高警覺。

打邊爐同打屎忽

【註】打邊爐：冬天圍著火鍋隨煮隨食。屎忽：屁股。

【釋】打邊爐和打屁股雖然同樣是"打"，實際上是風馬牛不相及的兩件事。比喻兩件性質完全不同的事物，不可以拿來互作比較。

生仔姑娘醉酒佬

【註】生仔姑娘：生孩子的婦人。醉酒佬：醉酒漢。

【釋】生孩子的婦人（或醉酒佬），當她生孩子（或醉酒）痛苦時，便誓言不再做愛（或喝酒），可是捱過了痛苦，便又故態復萌。譏人戒癮不堅心。

生仔唔知仔心肝

【釋】形容人心叵測，即使是自己生的兒子，都不知道他內心想些甚麼。

氹仔唔浸得死人

【註】氹仔：小水塘。

【釋】小水塘浸不死人，形容數量微不足道。

六畫

守得雲開見月明

【釋】比喻擺脱困境得以揚眉吐氣。相當於國語的"撥開雲霧見青天”。

死都可以拗翻生

【釋】 死都可以爭辯成活的。形容人強辯。

老虎都會瞌眼瞓

同“老虎瞌眼瞓”。

老虎頭上釘蝨乸

【註】 釘：用兩手的拇指甲夾壓。蝨乸：蝨子。

【釋】 老虎頭上捉蝨子，比喻不知死活。相當於國語的“太歲頭上動土”。

老竇養仔仔養仔

【註】 老竇：父親。仔：兒子。

【釋】 父親養育兒子，兒子又養育他的兒子。表示一代養育一代是天經地義的事。

有心人裝無心人

【註】 裝：弄圈套引人上當。

【釋】 有心害人的人弄圈套，引沒有防備的人上當。

有便宜唔好使頸

【註】 唔使：不必。使頸：使性子，耍脾氣。

【釋】 表示有便宜佔便不要賭氣（意即是趕快去爭）。

有風唔好駛盡㑳

【註】 㑳：船帆。

【釋】有風也不要把船帆放到盡，勸人有權的時候，不可使盡威勢。

有酒有肉多兄弟

【釋】形容酒肉多，朋友也多。

有番三兩下散手

同“有三兩下散手”。

有錢執都執輸人

【註】執：撿拾。

【釋】有錢撿拾，都撿拾得比人家少，形容人懶惰、低能。

有鬍鬚就係老竇

【註】老竇：爸爸。

【釋】諷刺人不知羞恥，一見有利可圖，便向人自認跟班、跑腿。相當於國語的“有奶便是娘”。

死在夫前一枝花

【釋】富貴人家，妻先死，必有風光大葬；夫先死，家道可能中落，喪事可能草草了之。

光棍遇著冇皮柴

【註】冇皮柴：沒有樹皮的柴，亦即是光棍（光溜溜的棍）。廣東人稱騙子癖光棍。

【釋】騙子遇著騙子。比喻半斤八兩，彼此彼此。

同埋條橫枒腸出

【註】橫杅腸：盲腸。

【釋】同是一條腸生出來的，指同胞兄弟姐妹。

企響城樓睇馬打

【釋】站在城樓上看馬打架。相當於國語的"坐山觀虎鬥"。

自已掘氹自已踩

【註】氹：水塘。

【釋】自己挖水塘，自己失足跌下去。相當於國語的"作法自斃"、"咎由自取"。

行得山多終遇虎

【釋】告誡人得意不可再往，否則終會遭遇失敗。也比喻人壞事做得多，終有一天東窗事發，身敗名裂。

行運行到腳趾公

亦作"行運行到腳趾尾"

【註】腳趾公：腳拇指。腳趾尾：腳小指。

【釋】運氣走到腳拇指（腳小指）。形容運氣好得不得了。

行運醫生醫病尾

【釋】運氣好的醫生，專醫已經快要痊癒的病。

多個香爐多隻鬼

同"多個香爐多隻鬼，多個菩薩多炷香"。

各人自認屎忽白

同"自認屎忽白"。

各肉生瘡各肉痛

【釋】比喻各人痛惜各自的孩子。

好天搵埋落雨米

亦作"好天搵埋落雨柴"

【註】搵埋：連帶準備好。

【釋】晴天時連帶準備好下雨天的米糧（柴），比喻未雨綢繆。

好眉好貌生沙蝨

【註】沙蝨：恙蟲，寄生在人或動物身上，會傳染疾病。

【釋】外表很像樣，行為卻很惡劣。相當於國語的"金玉其表，敗絮其中"。

好馬不食門前草

【釋】比喻幹壞事的人也不欺負他的四鄰。相當於國語的"兔子不吃窩邊草"。

好嘅唔靈醜嘅靈

【釋】好的不靈不好的靈。形容好的預言往往不靈，不好的預言反而靈驗。

七畫

冷手執個熱煎堆

【註】冷手：運氣不佳的手。執：撿到。煎堆：粵港地區過年時圓形油炸甜食。

【釋】比喻意外之得。運氣不佳的手居然撿到一個熱煎堆。

辛苦搵嚟自在食

【註】搵嚟：賺來的錢。

【釋】既然錢是辛辛苦苦地掙來，吃喝玩樂便不要吝嗇。

見地不平擔銻鏟

【註】銻：鍬。

【釋】見地不平就扛起鍬、鏟去修平它。形容打抱不平。

你出雞我出豉油

【釋】兩人聚餐，要對方出雞，自己出豉油。取笑人善於佔便宜。

我都冇你咁好氣

【註】咁好氣：這麼好的談興。

【釋】我都沒有你這麼好的談興，表示不願意跟對方再談下去。

肚飽唔知肚餓人

【釋】比喻上流社會的人不了解民間疾苦。

八畫

盲公跑馬射蚊鬚

【釋】盲公騎馬射蚊鬚，比喻事情根本沒有成功的希望。

盲佬有人拖過橋

【釋】盲人過橋，自然會有善心的人拖著他過橋。比喻天無絕人之路。

盲拳打死老師傅

【註】盲拳：不按拳法打的亂拳。

【釋】亂拳打死老師傅，比喻生手偶爾也會打贏老將。

東家唔打打西家

【註】打：打工，即受僱做工。

【釋】東家工作條件不理想，就跑到西家去做工。

兩頭唔受中間受

【釋】暗示雙方不要，由第三者接受。

到處楊梅一樣花

【釋】到處的楊梅都開一樣的花，比喻情況到處都一樣。相當於國語的"天下烏鴉一般黑"。

拉人裙冚自己腳

【註】冚：蓋住。

【釋】比喻借別人聲望來抬高自己的身價。相當於國語的"拉大旗做虎皮"。

昂鼻姑娘耷頭佬

【註】昂鼻：鼻孔朝天。耷頭：低頭。

【釋】據相士說，鼻孔朝天的女人和低頭走路的男人，都是心術不正的人。

斧頭打鑿鑿入木

【釋】斧頭打鑿，鑿才打入木頭。比喻人事關係上一級支配一級。

知人口面不知心

【註】口面：臉孔。

【釋】比喻人心叵測，雖然是熟人的臉孔，也不容易了解他的內心。相當於國語的“知人知面不知心”。

妹仔大過主人婆

【註】妹仔：婢女。

【釋】婢女比主人婆更大。比喻奴僕欺主，主次顛倒。

牀頭打交牀尾和

【註】打交：吵架。

【釋】牀頭吵架，牀尾又和好了。形容夫妻倆吵嘴，很快便又言歸於好。

九畫

前人種果後人收

【釋】相當於國語的“前人種樹，後人乘涼”。

前人種果後人收

洗淨個八月十五

【註】八月十五：指圓月。對屁股的戲稱。

【釋】洗乾淨屁股。“準備坐牢”的詼諧說法。

苦瓜乾咁嘅口面

【註】口面：臉上的表情。

【釋】形容哭喪著臉的模樣。

食咗都由背脊落

【釋】父母罵子女無論如何飼養都不胖，好似吃了東西全部都從背脊那邊掉下去。

食得鹹魚抵得渴

【釋】能吃鹹魚就忍得渴。比喻得其利，就要忍得其害。

食齋不如講正話

【釋】與其食齋禮佛，不如多說一些正經話。

看牛不及打馬草

【註】打馬草：割馬草給馬吃。及：做同伴。

【釋】看牛是閒活兒，割青草給馬吃是忙活兒。幹這兩種活兒的人在一起閒聊必定誤事。

皇帝唔急太監急

【釋】比喻當事人不急，旁觀的人反而徒然為當事人著急。

烏蠅飛過知公乸

【註】烏蠅：蒼蠅。乸：雌。

【釋】蒼蠅飛過，也能一眼看出牠是雌的還是雄的。形容人十分精明。

姣婆遇著脂粉客

【註】姣婆：淫蕩的女人。脂粉客：好色的男人。

【釋】比喻臭氣相投，一拍即合。

屎唔臭烏蠅唔摟

【註】烏蠅：蒼蠅。摟：叮。

【釋】屎不臭，蒼蠅便不會來叮。相當於國語的"木腐而後蟲生"、"蒼蠅不叮無縫的雞蛋"。

十畫

酒香也怕巷子深

【釋】賣醇酒的店，如果設在巷的深處，顧客也會因為怕走深巷而不願意去光顧的。表示名店也不應該開在偏僻的地方。

海上無魚蝦為大

【釋】相當於國語的"蜀中無大將，廖化做先鋒"。

馬屁拍響痔瘡上

【釋】馬屁拍到痔瘡上，揶揄人拍馬屁拍錯了地方。

唔同牀唔知被爛

【釋】沒有同牀睡，便不知道被子是破爛的。比喻一家不知道另一家的窘困之處。相當於國語的"各家都有一本難唸的經"。

唔好谷到大頸泡

【註】谷：被激怒。大頸泡：患甲狀腺病的人顯示出來的大脖子毛病。

【釋】勸人不要生氣，免得被激怒，變成大脖子。

唔好東風攪壞天

【釋】南國晴朗的冬日，最怕颳東南風，天氣立即轉壞轉冷，所以說“不要颳起東南風攪壞個天氣”。告誡人莫無事生非。

唔知個“醜”字點寫

【釋】不知道“醜”字怎麼寫。諷刺人不知羞恥。

唔食羊肉一身臊

【釋】沒吃羊肉，一身臊味。比喻沒有得到益處，反而惹得一身麻煩。相當於國語的“不吃羊肉，惹一身膻”。

唔食狗肉撈狗汁

亦作“唔食狗肉飲狗汁”

【釋】雖然沒吃狗肉，但已喝了狗肉湯。比喻雖然未直接參與其事，但已有牽連，便擺脫不了干係。

唔係猛龍唔過江

【釋】不是猛龍，便不會過江來。比喻沒有實力的人，是不會走到別人的地頭的。

唔理三七二十一

【釋】不管它三七二十一，即是無論如何。

唔睇僧面睇佛面

【釋】不看僧面看佛面，比喻即使不尊重這個人，也該尊重背後支撐此人的人。

唔傷心唔流眼淚

【釋】不傷心不流眼淚，表示眼淚乃因傷心而流。

豴起幡竿有鬼到

【註】豴：豎起。幡竿：掛招魂幡的長竿。

【釋】豎起招魂竿，自有鬼魂來。比喻招人麇集之容易，只須立個名目，給個場所，便會如蟻附羶。相當於國語的“豎起招軍旗，便有吃糧人”。

借咗聾耳陳隻耳

同“借咗聾陳隻耳”。

留番啖氣暖吓肚

【註】啖：口（量詞）。暖吓：暖一暖。

【釋】把用來說話的氣力，留下來暖暖胃。即是“保持緘默”的俏皮說法。

捉隻老鼠落米缸

【釋】比喻養個閑人在家裡，讓他吃好睡好。比如娶了一個懶婆娘為妻，便可以用“捉隻老鼠落米缸”形容。

捉隻老鼠落米缸

除咗好事乜都做

【釋】除了好事之外，甚麼都做。指人無惡不作。

十一畫

密食姑娘假正經

【註】密實：緊閉嘴巴不說話。

【釋】不作聲的姑娘心裡專門想些邪門兒，表面上卻假裝正經。

執條襪帶累身家

【註】身家：家產。

【釋】窮人在路上拾了襪帶，因而不得不要買一雙新襪，又要去買一雙新鞋。為了配得起新的鞋襪，又不得不去做一套新衫，差一點把全副家產都花光了。比喻因小失大。

連鹹豆都冇粒食

【釋】連一粒鹹豆都沒得吃。比喻連一點微利都賺不到。

崩口人忌崩口碗

【註】崩口人：缺嘴唇（即兔唇）的人。崩口碗：缺口的碗。

【釋】莫給崩口的人遞崩口碗，以免崩口的人以為你以崩口碗譏刺他的生理缺陷。這句俗語比喻不要對人提及他所避忌的事。

偷雞唔到蝕揸米

【釋】相當於國語的“偷雞不成蝕把米”。

做日和尚唸日經

【釋】做一天和尚唸一日經。形容敷衍應付，得過且過。相當於國語的“做一日和尚，撞一天鐘”。

做契弟貼埋草紙（粗話）

【註】契弟：男妓。

【釋】做男妓，連草紙都貼上了。譏刺人極下賤地去逢迎人。

做慣乞兒懶做官

【註】做慣了乞兒，不想做官了。常用作拒絕委任官職的托詞，意思是：自由慣了，怕受不了官場規矩的束縛。

俾塊西瓜皮我踩

【釋】給一塊西瓜皮讓我踩，指責對方存心作弄。

得些好意須回手

【釋】得到些好處，便要知道縮手。告誡人勿貪得無厭。

得閑死唔得閑病

【註】得閑：有時間。

【釋】有時間死，沒有時間病。形容工作緊張、繁忙，連生病的時間都沒有。

終須有日龍穿鳳

同“你估日日褲穿窿，經須有日龍穿鳳”。

將佢拳頭扻佢嘴

【註】扻：捶擊。

【釋】拿他的拳頭揍他的嘴。相當於國語的“以子之矛，攻子之盾”。

將個荷包倒轉攞

【釋】把個錢包倒轉過來拿，形容不善守財。

十二畫

喺乞兒兜揦飯食

【註】乞兒兜：討飯的碗。揦：掏。

【釋】從乞丐討飯的碗裡掏飯吃。比喻從窮人身上壓搾油水。

睇個錢寫籃咁大

【釋】把一個錢看得像個竹籃那麼大，取笑守財奴捨不得花錢。

無事行街小破財

【釋】沒事逛街小破財。告誡人閑著的時候勿去逛街，以免忍不住要買東西而花錢。

順得哥情失嫂意

【釋】討好了哥哥又得罪了嫂嫂，比喻左右做人難。

開埋井俾人食水

【釋】開了水井給人飲水。比喻自己付出努力，讓他人分享成果。相當於國語的“前人種樹，後人乘涼”。

十三畫

新官上場整色水

【註】整色水：裝模作樣，搞花架子。

【釋】相當於國語的“新官上任三把火”。

新屎坑冇三日香

【釋】新屎坑保持不了三日香。比喻對某種新事物喜愛幾天，很快便又厭惡了。亦比喻某種新事物興旺不了多久。

電燈杉掛老鼠箱

【註】電燈杉：電線杆。

【釋】比喻高個子的丈夫娶了一個矮個子的老婆。

頓親個八月十五

【註】頓親：撞壞了。八月十五：指月圓，屁股的諱稱。

【釋】撞壞了屁股。相當於國語的“跌了個屁股開花”。

過後媒人秋後扇

【釋】婚事過後的媒人如同秋涼時候的扇。比喻過了時、用不著的人。

過得一日得一日

【釋】形容勉強支撐，過得一天算一天。

鈴鈴鑔鑔都丟埋

【註】鑔鑔：銅鈸。

【釋】道士作法捉鬼時，反被惡鬼嚇得連作法的鈴、鈸都丟掉了。比喻慘遭大敗。

隔夜素馨釐戥秤

【釋】從樹上採摘下的素馨花，隔了一夜，早已不好看也不香了，反而被當成貴重的物品，要用釐戥秤重來賣。比喻一些已經過時的東西反而要價更高。

十四畫

説話由背脊骨落

【釋】形容對方的話説得尖酸刻薄，令人聽了背脊發涼。

辣撻人有辣撻福

【註】辣撻：骯髒的，蓬頭垢面的。

【釋】蓬頭垢面的人自有他的福氣，比喻庸人自有庸人的福氣。

十五畫

憎人富貴嫌人貧

【釋】譏刺人既妒嫉人富又嫌棄人窮的勢利心態。

熱飯唔可以熱食

【釋】熱飯不可以熱吃。比喻不可以急切行事，以免欲速不達。

賣花姑娘插竹葉

【釋】比喻自己所有的，未必能夠享用。相當於國語的“木匠門口綁草繩”。

賣錯相思表錯情

【釋】形容找錯了對象。

餓死老婆燻臭屋

【釋】形容收入菲薄，不足以養妻活兒。

十六畫

鋸低枱腳就枱圍

【釋】鋸下枱腳來遷就枱圍。相當於國語的“削足適履”。

激死老竇搵山拜

【註】激死：氣死。拜山：掃墓。

【釋】形容存心氣死老父（以便弄個祖墳來拜）。常用作父親罵兒子的話。

十七畫

講來講去三幅被

同“講來講去三幅被，量來量去二丈四”。

擤到骨罅都揦埋

【註】擤：刺痛。揦埋：合攏。

【釋】心痛得骨縫都合攏了來。形容因花許多錢買了一些沒用的東西而懊悔。

擤到樹葉都落埋

【釋】心痛到樹葉都落下來。形容因花許多錢而心痛。

點唱都唔夠一蚊

【註】唱：兑換（錢幣）。一蚊：一元。

【釋】一點點錢，無論怎麼兑換都不夠一元。比喻人的本事太差，無論如何造作，都不能入流。

擘大個口得個窿

同“擘大口得個窿”。

十八畫

雞仔唔管管麻鷹

【註】麻鷹：鷂鷹。

【釋】鷂鷹捉走了小雞，不去責備小雞不留神，反而責備鷂鷹兇狠。比喻該責備的人不責備，反而去責備次要的人。

雞蛋過手輕四兩

【釋】雞蛋過了他的手都會輕四兩，形容人極貪婪，無所不佔便宜。相當於國語的“鳥兒飛過拔根毛”。

雞髀打人牙骹軟

【註】雞髀：雞腿。牙骹：牙關。

【釋】用雞腿打人，對方的牙關便軟了。比喻以財物討好人，對方必定為你説話。相當於國語的“拿人的手軟，吃人的口軟”。

獵狗終須山上喪

【釋】 獵狗日日上山幫主人打獵，最終也會死在山上。比喻善於哪樣，便死在哪樣上面。相當於國語的“善游者溺，善騎者墮”。

十九畫

壞鬼書生多別名

【釋】 嘲笑讀書人特別多別名。

二十畫

蘇州過後冇艇搭

【釋】 蘇州過後沒船搭，形容一旦錯過，機會便不再會有。相當於國語的“過了這個村，沒有這個店”。

二十一畫

爛船都有三斤釘

【釋】 大船爛了，都還有三斤鐵釘剩下。比喻大家族破落，也總會有一些值錢的東西留下來的。

顧得頭來腳反筋

【註】 反筋：抽筋。

【釋】 顧得住頭，腳又抽筋了。比喻顧此失彼，相當於國語的“扶起東牆西牆倒”。

鐵腳馬眼神仙肚

【釋】 指當新聞記者的三項條件：1、要有鐵打的腳，能夠不倦地跑路；2、要有像馬一樣的眼睛，即使睡覺的時候雙眼也是睜開的；3、要有神仙一樣的肚子，不吃不喝也捱得住。

響赤柱嘆緊五更

【註】 赤柱：指香港赤柱監獄。五更：指五更調。

【釋】 民謠常以一夜五更作為比興，哀嘆個人身世。在赤柱悲嘆五更小調。"坐牢"的詼諧說法。

二十二畫

讀壞詩書包壞腳

【釋】 詩書沒讀通的書生，正如女人纏腳時包壞了的腳——一股酸臭味。諷刺讀書人迂腐，不通事理。

籠面田雞慢爪蟹

【釋】 賣田雞時，把一些不大會跳的田雞放在籠面。毛蟹快死了，爪也動得慢了下來。人們由此以"籠面田雞慢爪蟹"比喻品質低劣的貨品。

二十三畫以上

攣毛勾鼻難相與

【註】 攣毛：卷髮。相與：相處。

【釋】 相士說，卷髮和勾鼻的人不好相處。

蠶蟲師爺捆身計

【註】 師爺：舊時衙門裡掌管文書或包攬訴訟的人，相當於現

代的律師。

【釋】形容有的師爺想出來的計謀，最終連自己也無法脫身，正如蠶蟲作繭自縛一樣。相當於國語的“作法自斃”。

八字

一畫

一竹篙打倒一船人

亦作“一竹篙打死一船人”

【釋】形容不分具體情況而一概抹煞。相當於國語的“一刀切”、“統統打死”。

一時唔偷雞做父老

亦作“一時唔偷雞做保長”

一時唔偷雞做耆老

【註】耆老：有威望的長者。

【釋】一時不偷雞，小偷便裝做耆老（保長、父老）呼喝別人。比喻小人一朝得志，便盛氣凌人。

二畫

十二級颱風打唔甩

【註】打唔甩：打不掉。

【釋】十二級颱風都颳不脫，形容男女感情極為親密。

四畫

冇尾狗跟有尾狗走

【註】冇尾狗：沒有尾巴的狗，指喪家之狗。

【釋】沒有人養的狗，因為偷吃人家的食物，常被人砍斷尾巴。沒有尾巴的狗也跟有尾巴的狗一起走。譏笑層次低的人想仿效層次高的人行動。

冇福唔食得四兩肉

【釋】舊時生活水平低下，能夠經常吃肉的人家，應該算是有福氣的了。沒有福氣的人連四兩肉也吃不上。表示一個人能享受到甚麼樣的生活，全憑他本人的福氣。

冇檳榔唔嗞得出汁

【註】檳榔：舊時人們喜歡將檳榔放在一片青蒟葉包著，放在嘴裡咀嚼（現在台灣人仍有這種喜好）。嗞：咀嚼。

【釋】沒有檳榔在嘴裡便嚼不出汁。既然嚼得出汁，一定是有檳榔在嘴裡的了。相當於國語的“空穴來風，事出有因”。

五畫

生舊叉燒好過生你

同“生舊叉燒好過”。

六畫

有炮仗唔使人點引

【釋】有炮仗就用不著勞煩人來點燃它的藥引。比喻人有本事，自有主意，用不著勞煩他人指點。

因住秤砣跌親隻腳

【註】因住：當心。

【釋】當心秤砣掉下來會砸壞你的腳。嘲笑人呃秤，秤杆尾下垂得很厲害。

同一個鼻哥窿出氣

【註】鼻哥窿：鼻孔。

【釋】同一個鼻孔出氣。形容同聲同氣（含貶義）。

死咗都唔知乜嘢事

【釋】死了都不知道發生了甚麼事。

老虎唔發威當病貓

【釋】老虎還未發威，切勿當牠是病貓。這句俗語常用以警告對方，莫誤以為忍耐便是軟弱可欺。

七畫

見屎忽郁唔見米白

【註】屎忽：屁股。郁：動。

【釋】舂米時，由於用力揮動舂杵，所以屁股一動一動的。見到屁股一動一動的，卻不見石臼裡的米變白。取笑人裝做努力工作的樣子，卻不見有成果出來。

八畫

放落豬欄都冇仔生（粗話）

【釋】譏笑婦女不能生育，即使放到豬圈裡（跟公豬交配）都生不出孩子來。

朋友是用來出賣的

【釋】譏刺有的人交朋友是為了必要的時候出賣他的私隱。

九畫

神主牌都會擰轉面

【釋】罵痳瘋病人令祖宗蒙羞，祖宗的神主牌都因不願看見他們而擰轉臉孔。

十畫

捉到鹿都唔會脫角

亦作“捉到鹿都唔識脫角”

【釋】捉到鹿都不懂得取下珍貴的鹿角。比喻有大好機會都不懂得及時把握、利用。

針唔拮到肉唔知痛

【註】拮：刺。

【釋】針不扎到自己身上，是不知道痛的。比喻置身事外的人不明白當事人的痛苦。

酒杯底唔飲得人醉

【釋】 用酒杯底斟酒來喝，是醉不倒人的。形容數量微不足道。

馬騮係要江西佬舞

【釋】 猴子是要江西人來耍的。舊時在廣州街頭耍猴戲的，都是江西人，所以有這句俗語。相當於國語的“一物降一物”、“一支鎖匙開一把鎖”。

唔見過鬼都唔驚黑

【釋】 沒見過鬼的就不怕黑，是“見過鬼就驚黑”的反面說法。相當於國語的“一朝被蛇咬，三年怕草繩”。

唔使畫公仔畫出腸

【註】 公仔：畫中的人物。

【釋】 用不著把畫中人的腸子都畫出來吧。表示無需說得更徹底，話已十分明白了。

唔信命都信吓塊鏡

【釋】 即使不信命，也信一下鏡子（看看自己那副尊容）。教訓人要有自知之明。

唔要斧頭唔得柄甩

【釋】 不要斧頭，偏是斧頭的柄拿不下來。比喻無法脫身，或無法脫手。

十一畫

俾個心人食當狗肺

同“人心當狗肺”。

做得老舉唔怕卵大（粗話）

【註】老舉：妓女。卵：男性生殖器。

【釋】比喻敢於從事某種行業，就敢面對這種行業的難耐之處。

十二畫

著起龍袍唔似太子

【釋】穿起龍袍不像太子。取笑人形態猥瑣，無論如何打扮也不能入流。亦比喻庸才居於高位，始終不像頭目。

喺門角落頭燒炮仗

【註】角落頭：角落。

【釋】有了光彩的事，卻躲在門角落裡放炮仗。比喻炫耀光彩不得其法。

揸住條頸燈芯咁幼

【註】揸頸：捏住頸脖，形容強捺著性子。

【釋】把頸脖捏得像燈芯那麼細，形容極端忍耐。

買榴槤可以搭個橙

【釋】取笑人買賣過於精明，讓他去買榴槤，他能搭個橙回來。

十三畫

揸高個肚皮俾人睇

【註】揸：掀。

【釋】掀高衣服，把自己的肚皮給人看。指獻醜，相當於國語的“賣弄花屁股”。

十五畫

豬乸戴耳環都話靚

【釋】母豬戴了耳環，也讚牠好看。譏笑人審美眼光差，也譏笑人自知條件差，求妻心切，只要是個女的（不管多醜）都行。

十六畫

親生仔不如近身錢

【釋】親生的兒子也不如自己手頭有錢那麼可靠。

整醜妹仔襯靚阿姐

【釋】把婢女弄醜以襯托小姐的美貌。

十七畫

講起來一匹布咁長

同“一匹布咁長”。

十八畫

雞春咁密都菢出仔

【註】雞春：雞蛋。

【釋】雞蛋那麼密不透風，都孵得出小雞。比喻無論如何掩蓋，秘密始終是會泄漏出去的。

九字

一畫

一百歲唔死都有新聞

【釋】 要是活到一百歲還不死，照樣日日有新聞。這句話常在遇見一些特別奇怪的新聞時說。相當於國語的“怪事年年有，今年特別多”。

三畫

三十六度板斧都出齊

亦作“三十六度板斧都出埋”

【註】 度：量詞，下。

【釋】 《隋唐演義》中的瓦崗起義軍將領程咬金擅耍板斧。每當跟敵人對打，他連砍三下板斧凌厲無比。要是這三下板斧沒有能夠打敗對手，程咬金便只有“回身便走”了。“三十六度板斧都出齊（埋）”是“三度板斧出齊”的誇張說法，表示什麼本事都已經用了出來。相當於國語的“黔驢技窮”。

三十六度板斧都出齊

大好鮮花插在牛糞裡

【釋】取笑美貌的女子嫁給一個一無是處的丈夫。

大好鮮花插在牛糞裡

千金小姐當作丫環賣

【釋】譏刺人不識貨，把寶物當次品賤賣。

四畫

冇咁大隻蛤乸隨街跳

【註】蛤乸：青蛙。

【釋】沒有這麼大的青蛙滿街跳。告誡人莫輕信傳聞、因貪心而上當。

五畫

未見官先打三十大板

【註】表示未見其利，已受其害。

六畫

有頭毛冇人想做瘌痢

【釋】 有頭髮的人，沒有人肯做瘌痢頭。表示迫於無奈，才出此下策。

你嗰槓嘢我都有得賣

【註】 槓：箱。

【釋】 你那箱裡的東西，我都有得賣。告訴對方：你的鬼計，人人都會使。

走得初一唔走得十五

【釋】 逃得過初一，逃不過十五。表示始終逃不了。

八畫

近住城隍廟求支好籤

【釋】 相當於國語的"近水樓台先得月"。

十畫

冤豬頭都有盟鼻菩薩

【註】 冤：肉因變壞而發出腐臭。盟鼻：鼻塞。

【釋】 供奉腐臭的豬頭，恰好有鼻塞的菩薩肯享用。比喻一無是處的人，也有人鍾意。

十二畫

喺孔夫子面前賣文章

【釋】在孔夫子面前賣文章。相當於國語的“班門弄斧”、“關帝廟前弄大刀”。

喺孔夫子面前賣文章

跛腳了哥自有飛來蜢

【註】了哥：鳥名，亦稱八哥。

【釋】跛腳的了哥鳥，覓食不便，卻有自己飛來的蚱蜢給牠填肚子。比喻庸人無須著意追求，卻有人自動將好處送上門來。

十三畫

跟一世官唔知官姓乜

【釋】做當官的跟班做了一輩子，還不知道他姓什麼。比喻跟一個人相處很久，還不知道他的脾性、習慣。

十九畫

邊個唔知阿媽係女人

【釋】哪一個不知道母親是女人。嘲笑人說人盡皆知的道理。

二十一畫

爛船拆埋都有三斤釘

同"爛船都有三斤釘"。

十字

三畫

兀起條尾知你屙屎屙尿

【註】兀起：翹起。屙：拉（屎、尿）。

【釋】一翹起尾巴，便知道你想拉屎還是拉尿。用來警告對方別耍花樣：你稍有動作，我便洞悉你的鬼主意。

十畫

桐油埕點都係裝番桐油

【釋】是桐油埕無論如何都是裝盛桐油最好。比喻沒有本事的人最好還是坐低位。

十三畫

搭嚿隻船都唔想隻船沉

【釋】乘船都不希望這條船翻沉。比喻在一個機構工作，都希望這個機構興旺。相當於國語的“坐船愛船好”。

雙句俗語

六字

一畫

一世人，兩兄弟

【釋】難得這一輩子能有機會做兄弟。江湖中的"大哥"常用這句話向手下表示親熱。

一就一，二就二

【釋】形容對事認真，不含糊。相當於國語的"丁是丁，卯是卯"。

一龍去，二龍追

【釋】"追龍"在香港俗語中是吸毒的代稱。這句俗語應該是與吸毒有關的，但已不可考。如今這句俗語用以形容雙重浪費。例如做工時甲出去躲懶，管工叫乙去找甲，怎知乙也乘機躲懶去了。

一雞死，一雞鳴

【釋】死了一隻雞，明天照樣有雞啼晨。比喻事情總會有人去做的。相當於國語的"死了張屠夫，不吃混毛豬"、"有人辭官歸故里，有人漏夜趕科場"。

二更窮，三更富

【註】更：舊時將一夜分為五更。

【釋】形容都市人驟窮驟富的現象。相當於國語的“一更窮，二更富，三更穿爛褲”。

十個煲，九個蓋

【釋】形容問題出得很多，令人窮於應付。

人一世，物一世

【釋】形容人生短促，須及時行樂。

人比人，激死人

【註】激死：氣死。

【釋】勸人不可與人相比，與人相比只會徒然氣死自己。相當於國語的“人比人，氣死人”。

人比人，激死人

人出酒，佢出命

【釋】人家出酒，他出命。譏笑人在飲宴時拚命喝酒，醉了還不罷休。

人老精，鬼老靈

【釋】人的年紀大了，總會變得聰明一些，正如鬼的年紀大了，也會變得靈應一些。

人怕唲，米怕篩

【註】唲：懇求。

【釋】人怕懇求，正如米怕篩。

人會變，月會圓

【釋】人會變好，正如月會變圓。

人嚇人，冇藥醫

【釋】人嚇唬人，無藥可治。告誡人不可嚇唬人。

力不到，不為財

【釋】不付出努力，便不會有錢財的收入。相當於國語的“一分耕耘，才有一分收穫”。

三更窮，四更富

同“二更窮，三更富”。

乞兒身，相公口

【註】相公：舊時對當官人的尊稱。

【釋】衣衫破爛得像要飯的，嘴巴刁得像做官的。嘲笑人只顧吃不顧穿。

四畫

心嗰事，口嗰句

【釋】心裡想甚麼，嘴上就說甚麼。相當於國語的"心直口快"。

五時花，六時變

【釋】嘲笑人主意改變之快。

左手嚟，右手去

【釋】錢從左手賺來，隨即從右手花了出去。形容賺到的錢很快便又花光了。

左耳入，右耳出

【釋】形容對人的勸告、教訓充耳不聞。相當於國語的"東風吹牛耳"。

牛唔拉，屎唔瀨

【註】瀨：拉（大小便）。

【釋】不拉牛去耕田，牛就不拉屎。意思是一拉牛去耕田，牛就拉起屎來了。相當於國語的"懶人多屎尿"。

牛耕田，馬食穀

【釋】比喻各人有各人的命運。

公一份，婆一份

【釋】 通常用來指夫妻兩人都有工作，每人都有一份收入，共同負擔家庭。

五畫

未學行，先學走

【註】 走：跑。

【釋】 還沒有學會走，便學跑。相當於國語的"未學走，先學飛"。

四隻腳，一條尾

【釋】 謔稱烏龜。如"呃親你係四隻腳，一條尾"（如果我騙你，我就是烏龜）。

六畫

老千計，狀元才

【註】 老千：騙子。

【釋】 騙子出的計謀，顯示出狀元一般的才能。稱讚騙子的騙術相當高明。

西江戙，岌岌楨

【註】 戙：舊時繫船纜的木樁。岌岌楨：形容搖晃不定的樣子。

【釋】 西江的洪水一到，江邊繫船纜的木樁被沖得搖晃不定。比喻人無時安定。

有今生，無來世

【釋】勸人要珍惜親情、友情，因為人只有今生，而不會有來世。

有早知，冇乞衣

【釋】表示事情不可預知，否則世上便不會有乞丐了。

有姿勢，冇實際

【釋】形容徒有其表，也譏笑女子只靠擺姿勢取勝而無實際的身材。

有殺錯，冇放過

【釋】寧肯殺錯，不可放過。

有強權，冇公理

【釋】悲嘆強權之下無公理。

有異性，冇人性

【釋】取笑人一旦交上了異性朋友，便疏遠了朋友、親人。

有爺生，冇乸教

【釋】有父親生，沒有老母管教。罵別人的孩子缺乏家教。

有頭威，冇尾陣

【釋】開頭時很有威勢，可惜沒了結尾。形容虎頭蛇尾。

有斷估，冇辛苦

【註】斷估：預先估計。

【釋】指事情難以事前估計，否則生活便不會有辛苦了。

行得正，企得正

【釋】走得正，站得正。形容行為端正。

行得快，好世界

【釋】走得快，樣樣爭先，才有較好的機會和發展前景。

行得摩，冇鼻哥

【註】摩：慢吞吞。

【釋】走得慢吞吞，連自己的鼻子都會沒有的。比喻行動緩慢，便會失去機會。

見過鬼，就怕黑

同“見過鬼怕黑”。

見過鬼，就怕黑

見高拜，見低踩

【釋】形容人諂上欺下。

吹唔脹，拉唔長

【釋】吹不脹，拉不長。原來是粗話，似與男性生殖器有關。如今用來形容無可奈何。

佢在黑，我在光

【釋】他在暗處，我在明處，形容難以提防他人背後的暗算。

你咁高，我咁大

【釋】你有這麼高，我也有這麼大。表示對人不服氣。

你度我，我度你

【註】度：猜度。

【釋】你猜度我，我猜度你。形容各懷鬼胎或同牀異夢。

你辦事，我放心

【釋】原是毛澤東寫給華國鋒的臨終遺言，現在借用來做俏皮話，意思同字面。

八畫

呢度講，呢度散

【註】呢度：這裡。

【釋】這裡說，這裡散。暗示所有聽者勿將這裡說過的話再作傳播。

周身刀，冇張利

【釋】滿身都是刀，沒有一把是鋒利的。比喻樣樣都會一點，可是沒有一樣是精通的。

九畫

神又你，鬼又你

【釋】裝神是你，扮鬼也是你。罵人兩面三刀。

食碗面，反碗底

【釋】比喻受人恩惠，卻勾結外人來攻擊恩人。相當於國語的"吃裡扒外"。

食飽飯，等屙屎

【釋】吃飽了飯就等拉屎。形容人飽食終日，無所事事。

食飽瞓，瞓飽食

【釋】吃飽便睡，睡飽又食。形容人不長進，只懂得吃飯、睡覺。

十畫

夏至狗，冇定走

【註】冇定走：沒有地方跑。

【釋】舊時認為夏至常有瘟疫流行，殺狗可以辟邪，所以夏季殺狗變成了民間習俗。"夏天狗，冇定走"俗語正是由此而來。

唔怕官，至怕管

【註】至：最。

【釋】不怕官，最怕管。

雙眼開，雙眼閉

【釋】形容對違法的事假裝看不見。

冤枉錢，瘟疫去

【釋】用不正當手法賺來的錢，也因無妄之災而花去。相當於國語的"悖入悖出"。

十一畫

眼又盲，耳又聾

【釋】形容老年人眼又盲、耳又聾的悲慘境況。

眼定定，冇反應

【釋】形容老年人眼光呆滯的樣子。

側側膊，唔多覺

【釋】側一側肩膊，假裝甚麼也覺察不到。

得上牀，掀被冚

同"上得牀來掀被冚"。

細聲講，大聲笑

【釋】小聲說話大聲笑，描述女孩子或男女之間說話涉及情愛話題時的情形。

黃臉婆，老虎乸

【釋】謔稱兇巴巴的妻子。

朝種樹，晚鎅板

【註】鎅板：鋸木板。

【釋】早上種樹，晚上就想有木板鋸了。形容不實際地追求旦夕之間就有收穫。

趁佢病，攞佢命

【釋】趁他病的時候要他的命，形容乘人之危，落井下石。

搵得嚟，使得去

【釋】錢掙得來，便用得去。

飲杯茶，食個飽

【註】飽：香港俗字，指麵包。

【釋】原是一種飲料的廣告語句，人們借用來表示：歇一下。

搓得圓，撳得偏

【註】撳：按。

【釋】隨人搓圓搓扁，形容人脾氣極好。

電燈著，鬼搣腳

【註】搣：扯。

【釋】晚上電燈一亮，就好像有鬼扯腳一樣。揶揄人一到晚上便坐不住，想出去外面尋歡作樂。

搦得起，放得低

【註】搦：拿。

【釋】拿得起，放得下。相當於國語的"能屈能伸"。

路還路，數還數

【釋】人情歸人情，賬目歸賬目。相當於國語的"親兄弟，明算賬"。

跟尾狗，唔知醜

【釋】罵人老跟在自己背後。

飽唔死，餓唔襯

【註】餓唔親：沒餓壞。

【釋】飽也飽不死，餓也沒餓壞。表示過著僅夠溫飽的生活。

十四畫

舞照跳，馬照跑

【釋】形容香港回歸中國之後，香港人的生活方式不變。

十五畫

窮風流，餓快活

【釋】不理窮，不理餓，只圖風流快活。相當於國語的"窮星未退，色心又起"。

豬嚿大，人嚿壞

【註】嚿：無節制地暴飲暴食。

【釋】豬暴飲暴食會肥大，人暴飲暴食會損害健康。

數還數，路還路

同“路還路，數還數”。

十六畫

頭嗒嗒，眼濕濕

【註】嗒嗒：耷拉著，低垂的樣子。

【釋】形容噙著眼淚，垂頭喪氣的模樣。

十七畫

講大話，甩大牙

【註】甩：掉下來。

【釋】恐嚇小孩子不要説謊，否則會掉下大牙的。

講就易，做就難

【釋】説就容易，做就困難。

十九畫

識少少，扮代表

【釋】懂得一點點，便裝作懂得很多。

顛唔顛，傻唔傻

【釋】形容言談舉止有些顛顛傻傻的。

藤𠰲瓜，瓜𠰲藤

【註】𠰲：纏著。

【釋】藤纏瓜，瓜纏藤。形容糾纏不清。

二十三畫

攪攪震，冇幫襯

【註】攪攪震：搗亂。幫襯：光顧。

【釋】存心來搗亂，而不是來光顧（買東西）的。

二十七畫

鱷魚頭，老襯底

【註】老襯：傻瓜。

【釋】形容人看起來精明，其實笨蛋。

八字

一畫

一人有福，帶挈一屋

【註】帶挈：提攜。

【釋】一人有福，蔭得全家人都有福。

一家便宜，兩家著數

【註】著數：有好處。

【釋】做一件事，對有關的雙方都有好處。

一個做好，一個做醜

【釋】一個扮好人，一個扮醜人。相當於國語的“一個唱紅臉，一個唱白臉”。

一個夠本，兩個有利

【釋】賺回一個便夠了本錢，賺回兩個便已有了利潤。形容贏的機會很大。

一朝得志，語無倫次

【釋】譏笑人得意忘形，一旦得志，説話便囂張了起來。

十粒冬菇，必有香信

【註】香信：即香蕈，形似冬菇，只是肉身單薄。

【釋】十粒冬菇中，必有一粒是香信。比喻一群人之中必有少數壞人。

人心肉做，燒酒米做

【釋】人心是肉長的，正如燒酒是米做的一樣。形容人情難卻。

人怕丟架，樹怕剝皮

【釋】人怕丟臉，正如樹怕剝皮一樣。教訓人要愛惜體面。

人哋大聲，我哋細聲

【釋】人家大聲，我們小聲。指人家人多勢大，只有他們說的算，而沒有我們發言的餘地。

入屋叫人，入廟拜神

【釋】教訓人一進到屋裡就要跟人打招呼，正如走進廟裡便要拜神一樣。

入得廚房，出得廳堂

【釋】指標準妻子的兩大條件：廚藝、美貌。

入鄉隨俗，出水隨灣

【釋】到了一處陌生的鄉村，就要隨從當地的民俗。

刀切唔開，棍打唔甩

【註】甩：摔脫。

【釋】刀切不開，棍打不脫。形容被人死死纏住，無計脫身。

三畫

大神好講，小鬼難當

【釋】大神好說話，反而是小鬼難對付。比喻越是職位小的官兒越難對付。

大婆忠直，二奶偷食

【釋】香港新興俗語。指老婆忠直，一心一意幫丈夫白手興家，丈夫卻去內地另娶二奶，而二奶又在暗地裡偷漢。

小財唔出，大財唔入

亦作“小錢唔出，大錢唔入”

【釋】小財（錢）不出，大財（錢）不入。形容要賺取巨大利潤，就要捨得下一點本錢。

千穿萬穿，馬屁不穿

【註】穿：揭穿。

【釋】樣樣都會被揭穿，只有拍馬屁不會被揭穿。形容人人喜歡被吹捧，所以拍馬屁的伎倆總是為人樂於收受。

四畫

公不離婆，秤不離砣

【釋】形容夫妻形影不離，正如秤和砣總是相隨一樣。

水漲船高，泥多佛大

【釋】比喻有所依憑而地位升高。

不怕搏命，最怕睇病

【釋】形容在香港生活，一心拚命工作掙錢，最怕是生病（看病的費用十分昂貴）。

五畫

平嘢冇靚，靚嘢冇平

【註】平嘢：便宜的東西。靚嘢：漂亮的東西。

【釋】相當於國語的“便宜沒好貨，好貨不便宜”。

打場大風，執塊樹葉

【釋】颳了一場大風，只撿拾到一片樹葉。比喻遇到一次大好機會，然而收穫卻意外地少。也比喻遇到一次大好機會，卻只顧撿拾芝麻而忘了西瓜。

未說先笑，非奸即盜

【釋】相士說，未言先笑的人心術不正，所以說“非奸即盜”。

四肢發達，頭腦簡單

【釋】取笑運動員四肢發達，而思想幼稚。

生仔好聽，生女好命

【釋】舊時重男輕女，所以說生兒子，名聲上好聽；生女兒，日後可以幫忙家務，做母親的可以坐享清福。

白狗惹禍，黑狗當災

同“烏狗惹禍，白狗當災”。

出得廳堂，入得廚房

同“入得廚房，出得廳堂”。

六畫

有自唔在，攞苦嚟辛

【釋】有自在不自在，偏要找苦來辛。形容自討苦吃。

有計食計，冇計食泥

【釋】比喻有頭腦的人就靠頭腦吃飯，沒有頭腦的人便只好吃泥了。相當於國語的“不耍心眼吃不開”。

有碗話碗，有碟話碟

【釋】 心喻實話實說。

百眾眼頭，當佢冇到

【釋】 形容在大庭廣眾之中，故意裝做看不見他。比喻在公眾場合有意令人難堪。

同檯食飯，各自修行

【釋】 同檯吃飯，卻是各自修行。相當於國語的“同牀異夢”。

行就行先，死就死先

【釋】 舊時唱大戲跑龍套的演員，出場早，也“死”得早。形容小角色的命運悲慘。

好橋就用，屎橋就掟

【註】 橋：主意，計謀。掟：扔掉。

【釋】 好的計劃就用，不好的計劃就扔。指對別人的主意擇善而從。

七畫

初來暴到，唔知鑊竈

【釋】 剛剛才來的媳婦，還不知道如何使用鍋竈。比喻新來乍到，對一切還不熟悉。

初來新抱，落地孩兒

【註】新抱：媳婦。

【釋】新娶進門的媳婦正如剛生下來的孩兒一樣得到家人的疼惜。

見高就拜，見低就踩

同“見高拜，見低踩”。

低頭切肉，把眼看人

【釋】比喻事先悄悄觀察對方的實力，然後決定如何行動。

你有半斤，我有八兩

【釋】比喻力量不相上下。

你有乾坤，我有日月

【釋】比喻各有法寶，力量不相上下。

你做初一，我做十五

【釋】比喻以牙還牙，以眼還眼。

你睇我好，我睇你好

【釋】你看我好，我看你好，形容一家不知一家事。

身得身當，命得命抵

【釋】相當於國語的“一人做事一人當”。

八畫

近官得力，近廚得食

【釋】近官可以沾得一點權力，近廚不愁沒東西吃。相當於國語的“近水樓台先得月”。

事不關己，己不勞心

【釋】指事情不牽涉自己，就別為它操心。相當於國語的“事不關己，高高掛起”。

忠忠直直，終須乞食

【釋】哀嘆忠直老實的人，不善於鑽營，終生受窮。

九畫

神又係你，鬼又係你

同“神又你，鬼又你”。

要風得風，要雨得雨

【釋】比喻權勢大或條件好，可以隨心所欲。

十畫

海上冇魚，蝦仔為大

【釋】海上沒魚，小蝦為大。相當於國語的“蜀中無大將，廖化做先鋒”。

家有一老，如有一寶

【釋】稱讚家裡有一個老人，凡事可以向他請教。

唔聲唔聲，嚇你一驚

【釋】平時不出聲，一出聲便嚇人一跳。相當於國語的“不鳴則已，一鳴驚人”。

烏狗得食，白狗當災

【釋】比喻別人得利，自己卻代他受過。

十一畫

卿本佳人，奈何作賊

【釋】嘆惜五官娟好的女子去做小偷的勾當。

速速磅，唔好兩頭望

【註】磅：付錢。兩頭望：東張西望。

【釋】催人趕快付錢，不要假作東張西望。

執輸行頭，慘過敗家

【註】行頭：舊時唱大戲戲班為主要演員準備的戲服、頭飾等。

【釋】告誡人一定要事事爭先，行動遲緩便會招致慘敗。

常罵唔驚，常打唔靈

【釋】用經常打罵的方法來教管孩子，孩子是不怕的。相當於國語的“常罵不聽，常打不靈”。

蛇有蛇路，鼠有鼠路

【釋】蛇有蛇的去處，鼠有鼠的去處。比喻壞人各有一套求生、謀利的伎倆。

做好做醜，將將就就

【釋】形容無論內心多麼不願意，做好做歹也勉強敷衍一下。

做薑唔辣，做醋唔酸

【釋】拿去做薑又不夠辣，拿去做醋又不夠酸。比喻金錢數目太小，於事無補。

得罪人多，稱呼人少

【釋】形容不善於圓滑待人，以致開口得罪了很多人。

船頭慌鬼，船尾驚賊

【釋】坐在船頭怕鬼，坐在船尾怕賊。相當於國語的"前怕狼，後怕虎"。

細時偷針，大時偷金

【釋】告誡孩童不要從小養成偷竊的惡習。

細時偷雞，大時偷牛

【釋】小時偷雞，大時偷牛。相當於國語的"小時偷針，大時偷衫"。

十二畫

爲老不尊，教壞子孫

【釋】取笑有些老人行為不檢點，給子孫影響很壞。

善財難捨，冤枉甘心

【註】冤枉錢：不該用的錢。

【釋】捨不得拿一點錢出來做善事，卻甘心大把大把地使用冤枉錢。

睇餸食飯，睇燭喃嘸

【註】喃嘸：唸經。

【釋】人們看菜吃飯，和尚看著供桌上的蠟燭唸經（蠟燭一滅，誦經即止）。相當於國語的“看菜吃飯，量體裁衣”。

眾事莫理，眾定莫企

【註】眾定：公眾聚集的場所。

【釋】眾人的事不要去理，眾人聚集的地方不要去站。告誡人莫管閑事，莫趁熱鬧，以免惹禍上身。

跌咗個橙，執番個桔

【釋】丟了個橙，撿回個桔。比喻有所損失，幸而有所補償。相當於國語的“失之東隅，收之桑榆”。

無氈無扇，神仙難變

【釋】沒有氈，沒有扇，神仙也難施法術。相當於國語的“巧婦難為無米之炊”。

幾係幾係，五郎救弟

【註】幾係：相當厲害，難以忍受。五郎救弟：《楊門女將》中楊五郎救弟的故事。

【釋】形容天氣極冷，難以忍受（“五郎救弟”純粹為了與上一句押韻，沒有實際意義）。

發達立品，得志嬲人

【註】嬲人：對人發脾氣。

【釋】真正發達的人，他的品格也會變得高尚起來；只有小人得志才會隨便對人發脾氣。

開天索價，落地還錢

【釋】形容買賣雙方討價還價的情形：賣方漫天要價，買方則把價錢拚命壓低。

十三畫

該釘就釘，該鐵就鐵

【釋】形容事事認真，丁是丁，卯是卯，決不含糊。

十四畫

寧可不通，不可平庸

【釋】廣告界行內俗語，意思是：廣告的語句寧可不通，不可以平庸。

寧犯天條，莫犯眾憎

【釋】寧可冒犯天廷中的戒條，也不可冒犯眾怒。

寧欺君子，莫欺小人

【釋】告誡人莫欺小人，因為小人難纏，一旦得罪了小人，便會有沒完沒了的麻煩。

精人出口，笨人出手

【釋】聰明的人出主意，笨人則付諸實行，如果惹上麻煩，精人可以脫身，笨人則要頂罪。

鼻屎好食，鼻囊挖穿

【釋】如果鼻屎好吃，鼻孔也會被挖穿的。比喻利之所在，競爭必大。

十五畫

養大個仔，冇咗個仔

【釋】父母感慨養大個兒子，替他娶了媳婦，便不再看望父母，等於沒有了那個兒子。

窮莫做大，富莫做𡃁

【註】𡃁：最小的孩子。

【釋】在窮人家莫生為長男（要為操家勞苦），在富人家莫生為最小的兒子（少享受了許多）。

十六畫

頭大冇腦，腦大生草

【釋】嘲笑人徒然有個頭腦而思想幼稚或不肯動腦筋。

頭尖額窄，冇釐貴格

【註】冇釐：沒有一點兒。貴格：相士把人的面相分為貴格與賤格。

【釋】調侃人生得頭尖額窄，沒有一點兒貴人的面格。

橋唔怕舊，最緊要受

【註】橋：伎倆。

【釋】騙人的伎倆不怕用完又用，最重要的是總會不斷有人上當。

十七畫

聰明一世，蠢鈍一時

【釋】相當於國語的“聰明一世，糊塗一時”。

聰明戲子，笨實喃嘸

【釋】讚揚戲子聰明（無論台詞多深多長，他們上了台便背得出來），嘲笑和尚笨蛋（無論一部佛經誦讀過多少次，每次誦經時經書總是要擺放在面前）。

賺錢講精，剩錢講命

【釋】會不會掙錢依靠的是精明，而能夠剩錢致富，依靠的則是命運。

十九畫

壞鬼書生，好事多為

【註】好事：這裡是反話，指壞事。

【釋】指外表斯文的讀書人，暗地裡做盡壞事。

九字

二畫

人識和尚，和尚不識人

【釋】人容易認識和尚，和尚認不得人。比喻有特徵、突出的人容易認識。

四畫

手板係肉，手背又係肉

【釋】手掌、手背都是自己的肉，指對立的雙方都是至親，很難偏袒任何一方。

六畫

有樣學樣，冇樣學世上

【釋】有樣學樣，沒樣就向世上的人學習。教人向身邊的人學習做人。

各施各法，各廟各菩薩

【釋】各施各的法術，正如各廟供奉各自的菩薩。形容各人都有各自應付問題的辦法。

十畫

唔睇白鴿，都睇吓堆屎

【釋】不看白鴿，也看一看那堆白鴿屎。比喻見微知著，窺一斑可知全豹。

唔睇僧面，都睇吓佛面

【釋】即使不賞面給和尚，也賞面給菩薩。相當於國語的“不看僧面看佛面”。

十一畫

捨得個肝，唔捨得個腎

【釋】鄉下人認為雞鴨的腎比肝滋補，所以捨得個肝給人吃，卻捨不得個腎。比喻捨得拿出一點錢來花，而捨不得拿出更多的錢。

十三畫

落雨又喊，唔落雨又喊

【釋】一個老婆婆，看到天下雨就哭，因為他大兒子賣鞋，下雨天就沒有人買鞋了；可是天一放晴，老婆婆也哭，因為他的二兒子賣傘，天不下雨就沒有人買傘了。“下雨哭，不下雨也哭”，比喻人的慾望很難滿足。

二十七畫

顴骨高高，殺人不用刀

【釋】相士說，顴骨高的人心性奸險，殺人不用自己操刀。

十字

一畫

一生兒女債，半世老婆奴

【註】老婆奴：當老婆的奴隸。

【釋】形容男人一生肩負的家庭擔子十分沉重。

一物治一物，糯米治木蝨

【註】木蝨：臭蟲。

【釋】臭蟲藏身在牀板的裂縫裡，舊時用煮爛了的糯米填密裂縫，臭蟲也便死在裂縫裡了。比喻一物專治一物。

一醜兼百拙，米貴兼閏月

【釋】容貌醜陋，又兼樣樣笨拙；米貴又偏遇上閏月，對明年稻米豐收的寄望又要推遲一個月。比喻禍不單行，相當於國語的“屋漏偏逢連夜雨，破船更遇頂頭風”。

二畫

人爭一口氣，佛爭一炷香

【釋】形容人總是要爭氣的。

人驚鬼三分，鬼驚人七分

【釋】教人不用怕鬼，因為鬼怕人比人怕鬼更加厲害。

三畫

大甕打瀉油，雞腸將膏煎

【釋】一方面把大甕裡的油打翻，流得滿地的油，另一方面又把雞腸裡的一點點油膏刮出來煎油。比喻大處浪費，小處節儉。

上山尋虎易，開口求人難

【釋】形容開口求人很難如願以償，也形容難於啟齒向人求助。

上屋搬下屋，唔見一籮穀

【釋】上屋搬下屋，不見了一籮穀。形容搬家，即使距離很近，都會有所損失。

山高皇帝遠，海闊蛋家強

【釋】高山阻隔住朝廷的管束，大海遼闊，更使蛋家人堅強。這句話是蛋家人的自豪語。

千揀萬揀，揀著個爛燈盞

【釋】識刺挑剔的人，最終反而挑了個蹩腳貨。

四畫

心口有執毛，殺人不用刀

【註】心口：胸口。執：量詞，一撮。

【釋】也許是受影視上人物造型的影響，凡是劊子手、江洋大盜的胸口都有一撮毛。所以人們習慣以為胸口有毛的人都是兇悍的匪類，他們想要殺人是不必用刀的。

不癡不聾，不為阿姑阿翁

【釋】做人家公公、婆婆的人，最好裝聾作啞，不要去理兒子媳婦的事，以免發生家庭齟齬。

公死有肉食，婆死有肉食

【釋】比喻兩派鬥爭，無論誰輸誰贏，都可以從中取利。

牛唔飲水，唔撳得牛頭低

【註】撳：按下。

【釋】要是牛不想喝水，就很難把牛頭強按低下去。比喻某人去幹某事是自願的，否則別人是難以勉強他的。

水上扒龍船，岸上人有眼

【釋】對於划龍舟的賽況，岸上的人看得比划龍舟的人清楚。相當於國語的“當局者迷，旁觀者清”。

水上扒龍船，岸上夾死仔

【釋】看龍舟比賽，岸上的觀眾看得過分投入，以致緊張得把抱在懷裡的小兒都夾死了。比喻替他人著急。

五畫

未知心腹事，先聽口中言

【釋】形容從人的言語中可以了解他的心事。

未食五月粽，寒衣唔敢送

【釋】沒吃五月節粽，寒衣還不敢送人。指五月節之前天氣有時還會忽然轉冷。

未登天子位，先置殺人刀

【釋】比喻尚未登上高位，便已計劃好整人。相當於國語的“未有燈光之火，先有燒天之意”。

未登天子位，先置殺人刀

打劫紅毛鬼，進貢佛蘭西

【註】 紅毛鬼：舊時對英國人的蔑稱。佛蘭西：法蘭西，即法國。

【釋】 取拿英國人的東西進貢給法國。相當於國語的"借花獻佛"。

外母見女婿，口水嗲嗲渧

【註】 嗲嗲渧：形容口水流個不停。

【釋】 因為女婿經常買些燕窩之類的高級補品孝敬外母，所以人們取笑外母一見到女婿，口水便不由自主地流個不停。

禾怕寒露風，人怕老來窮

【釋】 晚稻最怕寒露時節颳風，人最怕年紀老了陷於貧困的境地。

六畫

有事鍾無艷，無事夏迎春

【註】 鍾無艷：齊宣王的后妃，很有治國的本事，只是貌醜。夏迎春：齊宣王的妃子，貌極美。

【釋】 齊宣王平日無事，便跑去跟夏迎春尋歡作樂，一旦碰上麻煩事，才來找鍾無艷請求幫助。譏刺人"過河抽橋"。

有人找人，冇人就陳大文

【釋】 有別人就找別人，沒有別人才來找我陳大文。

有咁耐風流，有咁多折墮

【註】 折墮：報應。

【釋】有那麼久的風流，便會有那麼久的報應。

有錢有辦法，冇錢基本法

【釋】香港新興俗語，指在過渡期間，一些有錢的人想辦法移民，而沒有錢的人則安下心來落實基本法，留港建港。

有錢樓上樓，冇錢地下踎

【註】踎：蹲。

【釋】舊時有錢人可以上高級茶樓飲茶，沒錢的人則蹲在最底下一層飲茶。形容貧富的享受，一個在天上，一個在地下，相差極遠。

有麝自然香，何必當風抰

【註】抰：揚。

【釋】比喻有本事的人用不著自己到處吹噓。

早知燈係火，唔使盲摸摸

亦作"早知燈係火，唔使黑摸摸"

【釋】倘若早知道燈是可以用來點火照明的，就用不著夜裡老是暗暗摸索了。表示對過去的無知或沒有把握機會去做某事而深感懊悔。相當於國語的"早知燈是火，飯熟已多時"。

同人唔同命，同遮唔同柄

【註】遮：雨傘。

【釋】形容人生運程、際遇各有不同，正如同樣是雨傘，但傘柄也各有不同。

竹門對竹門，木門對木門

【釋】相當於國語的“門當户對”。

行家一出手，便知有沒有

【釋】內行的人稍稍出幾招，便知道對手有多大的本事。

行運一條龍，失運一條蟲

【釋】形容人一走運起來就像一條龍，神氣十足；一失運起來就像一條蟲，垂頭喪氣。

七畫

你有張良計，我有過牆梯

【註】張良：楚漢相爭時劉邦手下的名將。

【釋】形容雙方都有本事，誰也不輸給誰。

男人靠得住，豬乸也上樹

【釋】如果男人靠得住，那麼母豬也能爬上樹。形容男人（在感情問題上）極端靠不住。

男怕入錯行，女怕嫁錯郎

【釋】男人最怕入錯行，女人最怕嫁錯了丈夫。

九畫

是福不是禍，是禍躲不過

【釋】這句是遇事時勸人鎮靜的話：如果來的這件事是福，那就不是禍害，用不著驚慌；如果來的這件事是禍，是躲不過的，那也要鎮靜應付，驚慌是沒有用的。

相罵無好口，相打無好手

【釋】相罵的時候沒有好話，相打的時候也不會留手。這句俗語使用時側重於前一句，形容人們在相罵時，話語總是重一些的，勸人不要計較相罵時的話。

春天家婆面，一日變三變

【釋】形容春天的天氣多變，就像是家婆的臉色，時好時壞。

面係人哋俾，架係自己丟

【釋】面子是人家給的，架子是自己丟的。這句俗語使用時側重於後一句的意思，指責人不自愛，丟架的事乃自己造成的。

食過五月粽，寒衣收入槓

【註】槓：衣箱。

【釋】吃過五月節的粽，寒衣便可收進衣箱。指五月節過後，天氣才真正轉熱。

食嘢唔做嘢，做嘢打爛嘢

【釋】指責人懶惰，而且笨手笨腳。吃飽飯不肯做事，偶爾幫手做事，便打爛這樣、打爛那樣。相當於國語的"吃飯不管事，沾手出岔子"。

十畫

家和萬事興，家衰口不停

【註】衰：倒運。

【釋】家庭和睦，萬事皆興；家庭倒運，便口角不停。

唔打唔相識，一打做親戚

【釋】不打不相識，交手之後做親戚。

唔話俾你知，等你心思思

【釋】不說給你知道，讓你心癢癢的。

十一畫

眼眉長過目，兄弟四五六

【釋】相士說，眉毛長過眼睛的人多兄弟。

貧不與富敵，富不與官爭

【釋】窮人無法與富人對抗，富人也無法與官吏相爭。

十二畫

爲人爲到底，送佛送到西

【釋】幫人就要幫到徹底，正如送佛一定要送到西天。相當於國語的“殺人須見血，救人須救徹”。

越窮越見鬼，肚餓打瀉米

【註】倒瀉：因不小心而打翻。

【釋】越窮越倒霉，肚餓偏打翻了米甕。相當於國語的“禍不單行”、“屋漏更遭連夜雨，破船偏遇頂頭風”。

睇吓邊個醒，邊個豬頭炳

【註】醒：機靈、聰明。豬頭炳：蠢豬（豬頭炳原是一個蠢人的渾號，以後用來作為蠢人的泛稱）。

【釋】比一比，看看誰聰明、誰笨蛋。

媒人用大話，補鑊用泥搽

【釋】媒人慣用謊話來掩飾真相，正如補鍋匠慣用搽泥來掩飾鍋的疤痕一樣。形容媒人的話不可靠。

十三畫

落地喊三聲，好醜命生成

【註】喊：哭。

【釋】指人的命好命歹，從呱呱墮地那一刻開始便已決定。亦指憑孩子生下來的哭聲，便可判斷這個孩子日後成才與否。

萬事留一線，日後好相見

【釋】萬事留有餘地，保持住友情，日後見面時還可以做朋友。

腸生腸痛，腸唔生冷凍凍

【釋】是自己肚腸生出來的就痛惜，不是自己肚腸生出來的就待他冷冰冰。表示各人痛惜各自的孩子。

十四畫

精人燒濕竹，笨人燒濕木

【釋】聰明的人燒濕竹（濕竹燒得著火），愚笨的人燒濕木（濕木燒不著火）。比喻做同一樣事，聰明的人和愚笨的人就大不一樣。

寧可一晚七，不可晚晚一

【釋】 民間認為每天晚上做愛是很傷身的，其傷身的程度比起一晚做愛七次更加厲害。

寧生敗家子，莫生蠢鈍兒

【釋】 寧可生敗家子，也不要生個弱智的孩子。

寧食開眉粥，莫食愁眉飯

【釋】 比喻寧肯窮而開心，不肯富而不樂。亦比喻寧肯忍受低薪而做得開心而不願意享受高薪而做得不開心。

寧教人打仔，莫教人分妻

【釋】 寧肯教人打孩子，也不可以教人分妻。告誡人在別人夫妻反目時切不可勸人離婚。

寧欺白鬚公，莫欺少年童

亦作"寧欺白鬚公，莫欺鼻涕蟲"

【註】 鼻涕蟲：還在流鼻涕的小孩，戲稱年青人。

【釋】 寧可欺負老年人，也不可欺負年輕人，他們可能眼前境況不好，可是日後的前途未可預料。

製藥無人見，存心有天知

【釋】 製藥的工作雖然沒人看得見，但是製真藥救人還是製假藥害人——上天是會知道的。告誡人莫以為偷偷做壞事沒人知道，人的善惡之心上天會知道的。相當於國語的"舉頭三尺有神明"。

十五畫

瘦田有人耕，耕親有人爭

【釋】 貧瘠的田地一向沒有人去耕種，可是一旦有人耕種開來，大家便爭著要來耕種了。比喻一向不受人歡迎的事物，一旦有人重視，便立即成為搶手貨。

賣仔莫摸頭，摸頭眼淚流

【釋】 出賣子女，切勿再撫摸他們的頭，一撫摸他們的頭，眼淚便會忍不住流下來。比喻出賣某種心愛的物品時，就要強忍著心痛。

十六畫

頭髮未出齊，牙齒未生齊

【釋】 挖苦老人家頭禿齒豁。

頭痛未治好，惹來腳反筋

【註】 反筋：抽筋。

【釋】 頭痛未好，腳又抽筋。相當於國語的““禍不單行”、“一波未平，一波又起”。

樹大有枯枝，族大有乞兒

【釋】 一個大家族難免會有個別敗類，正如一棵大樹上難免會有枯枝。

錢入光棍手，一去不回頭

【註】 光棍：騙子。

【釋】錢一旦被騙子騙到手，那就別想要回來了。

十七畫

殭子拉心肝，殭女拉內臟

【註】殭仔、殭女：最小的兒子、女兒。拉：連著。

【釋】最小的兒子連著父母的心肝，最小的女兒連著父母的內臟。形容最小的兒女最得父母的痛惜。

禮多人不怪，話多乞人憎

【註】乞人憎：惹人討厭。

【釋】這句俗語在使用時側重於後一句的意思，告誡人不可口多，以免惹人討厭。

十一字

四畫

日慳夜慳，唔夠老公一鋪攤

【註】慳：節儉。一鋪攤：一次賭局。

【釋】妻子白天節省，夜晚節省，抵不過丈夫一次賭局的輸贏。

以為好醒，誰知你係豬頭炳

【註】醒：機靈、聰明。豬頭炳：蠢豬炳（原是一個人名，後用作蠢人的泛稱）。

【釋】原以為很機靈、很聰明，誰知道你只是頭蠢豬！

六畫

有尾學人跳，冇尾也學人跳

【釋】有尾的禽鳥學人跳舞，沒有尾的禽鳥也學人跳舞。比喻不自量力去模仿人，相當於國語的“東施效顰”。

有怪莫怪，細路仔唔識世界

【釋】每當小孩說話或行動冒犯鬼神，大人就以這句話向鬼神告饒。

好時糖黐豆，唔好時水溝油

【註】黐：黏。溝：拌。

【釋】感情好的時候像是糖黏著豆，不好的時候像是水跟油一樣，拌不到一塊兒。常用來形容小情人、小夫妻或兩個小孩子之間感情的反覆多變。

八畫

官仔骨骨，識穿你一個爛桔

【註】官仔骨骨：衣冠楚楚。

【釋】看起來衣冠楚楚，看穿了只是一個爛桔。譏笑人徒有其表，相當於國語的“金玉其外，敗絮其中”。

九畫

要人傾家蕩產，教他做出版

【釋】形容出版業難做。

十二畫

飯可以亂食，話唔可以亂講

【釋】飯可以亂吃，話不可以亂講。警誡人不要亂說一些沒有根據的話中傷人。

十二字

二畫

又姣又怕痛，見人生仔又眼紅（粗話）

【註】姣：淫蕩。

【釋】又淫蕩，又怕做愛會痛，可是見人生了孩子又妒忌。譏刺人想佔便宜，又不願意付出代價。相當於國語的“又要當婊子，又想立牌坊”。

四畫

冇咁大隻鴿，就唔好嗌咁大聲

【釋】沒有這麼大的鴿，就不要叫得這麼大聲。告誡人做事要量力而為。

冇咁大隻鴿，就唔會嗌咁大聲

【釋】沒有這麼大的鴿，就不會叫得這麼大聲。暗示背後有靠山，言行才敢這麼囂張。

日頭唔好講人，夜晚唔好講神

【釋】白天不要講人，說人人就到；夜晚不要講神，講神神就現。相當於國語的“一講曹操，曹操就到”。

五畫

未到六十六，唔好笑人手指曲

【釋】還不到六十六歲，就不要笑人手指彎曲。告誡年輕人，莫笑人年老或身體有缺陷，或笑人技藝有錯失。相當於國語的“莫笑他人老，終須我亦老”。

六畫

有心唔怕遲，十月都係拜年時

【釋】要是真有誠意，十月才來拜年都不算遲。形容只要心誠，事情做遲了都可以原諒。

七畫

你唔嫌我籮疏，我唔嫌你米碎

【釋】米放在米籮裡，米籮太疏或米太碎，都會使米從米籮裡漏出來。比喻彼此都有毛病而不互相嫌棄。相當於國語的“彼此彼此”。

九畫

食遍天下鹽好，走遍天下娘好

【釋】讚美母親是天下間最好的人。

貞婦晚年失節，不如老妓從良

【釋】告誡貞婦要保住晚節。

十二畫

無事不可生事，有事不可怕事

【釋】告誡人切勿撩事生非，一旦有了事便要勇敢地面對。

十四畫

寧願死一丁人，唔肯少一錢銀

【釋】寧肯付出一個人的生命，也不肯讓人短少點點錢。形容人吝嗇，要錢不要命。

十七畫

臊臊都係羊肉，舊舊都係絲綢

【釋】雖然味道臊臊的，但總還是羊肉；雖然舊舊的，但總還是絲綢。比喻即使變舊變壞，好東西始終是好東西。

十三字

四畫

冇咁大個頭，就唔好戴咁大頂帽

【釋】沒有這麼大的頭，就不要戴這麼大頂帽。告誡人量力而為。

冇咁大個頭，就唔會戴咁大頂帽

【釋】沒有這麼大的頭，就不會戴這麼大頂的帽。暗示背後有靠山，言行才敢這麼囂張。

太平山頂望落嚟，老襯隨處都係

【註】太平山：港島一處風景區。老襯：傻瓜。

【釋】從太平山上望下來，傻瓜到處都是。嘲笑人世間傻瓜太多。

今時唔同往日，一個酸梅兩個核

【釋】今時不同往日，一個酸梅居然有了兩個核。比喻今天的情況已非昔日所能比擬。

十四字

一畫

一條鎖匙唔開聲，兩條鎖匙冷冷響

【釋】一條鎖匙就不會出聲，有了兩條鎖匙便叮噹響了。比喻夫妻間一旦出現了第三者便吵鬧不休了。

二畫

又怕千年冇米煮，又怕無命到千年

【釋】又怕千年沒米煮，又怕沒有命活到一千年。譏刺人自尋煩憂。相當於國語的“人生無百歲，常懷千歲憂”。

四畫

不在乎天長地久，只在乎曾經擁有

【釋】原是手錶的廣告語句，後來被借用表示男女情愛只求擁有過，而未必要追求長久。

五畫

打虎不離親兄弟，上陣不離父子兵

【釋】形容兄弟或父子一起上陣。

六畫

多個香爐多個鬼，多個菩薩多炷香

同“多個香爐多隻鬼”。

好頭唔怕戴爛帽，好柴唔怕燒爛竈

【釋】有本事的人不怕衣裝不好，優質的物品不怕包裝不好。

七畫

你估成日褲穿窿，終須有日龍穿鳳

【註】龍穿鳳：龍鳳相配。

【釋】別以為我每天都穿破褲子，總有一天飛龍會與鳳凰配對的。比喻窮人總有翻身致富、吐氣揚眉的一天。

八畫

近山不可燒枉柴，近水不可洗枉水

【註】枉：過量的。

【釋】近山不可燒過量的柴，近水不可洗過量的水。告誡人勿浪費資源。

九畫

食鹽多過你食飯，行橋多過你行路

【釋】吃鹽比你吃飯多，過橋比你走路多。自誇比對方生活經驗豐富。

風水佬畫一畫，泥水佬做到頭都白

【釋】風水先生胡亂比畫一下，泥水佬要花好長時間才能做得完。

風水佬呃你十年八年，唔呃得一世

【註】呃：欺騙。

【釋】風水先生能欺騙主人家十年八年，可是時間一長便驗證得出風水先生的預言準或不準，所以說不能欺騙一世。

十畫

真金不怕洪爐火，石獅不怕雨滂沱

【釋】比喻有真本事的人不怕考驗。

唔係猛龍唔過江，唔係毒蛇唔打霧

【註】打霧：吐出的毒氣形成霧。

【釋】不是猛龍不過江，不是毒蛇不吐霧。相當於國語的“善者不來，來者不善”。

十一畫

曹操都有知心友，關公也有對頭人

【註】曹操：民間認為是“奸”的代表。關公：民間認為是“忠”的代表。

【釋】比喻壞人亦有朋友，好人亦有仇敵。

殺人放火金腰帶，修橋補路冇屍骸

【註】修橋鋪路：舊時有些善心人，拿錢出來修橋鋪路，改善村野的交通。

【釋】指責世道不公，幹壞事的升官發財，做善事的卻落得個死無完屍的下場。

屙屎唔出賴地硬，屙尿唔出賴風猛

【釋】屎拉不出，賴地硬；尿拉不出，賴風猛。譏刺人辦事不成功，就把過錯推給客觀條件。

十三畫

跟著好人學好人，跟著喃嘸學拜神

【註】喃嘸：道士。

【釋】相當於國語的“近朱者赤，近墨者黑”。

十五畫

熟讀唐詩三百首，不會吟詩也會偷

【釋】相當於國語的“熟讀唐詩三百首，不會作詩也會吟”（省港俗語用“偷”，剽竊也，非止於吟這麼簡單）。

十七畫

講來講去三幅被，量來量去二丈四

【釋】舊時民間製被，其寬度用三幅布拼成，長度約八尺，三幅共二丈四。人們由此以“三幅被”或“講來講去三幅被”嘲笑人説話囉嗦，了無新意。

三句

一畫

一代姑，二代表，三代嘴藐藐

【註】嘴藐藐：形容不瞅不睬的樣子。

【釋】第一代是阿姑、姑丈，第二代是表兄、表妹，到了第三代便互不瞅睬了。形容親戚關係因隔代而日漸疏淡。

二畫

人又老，錢又有，老婆又走佬

【註】走佬：已婚婦女跟別的男人走了。

【釋】人老，錢也沒有了，老婆又跟別的男人走了。形容某些老人晚年淒涼的景況。

人怕理，馬怕鞭，蛇蟲怕火煙

【釋】比喻人再兇，也敵不過道理。

入得廚房，出得廳堂，上得大牀

【釋】謔稱標準妻子的三項條件：廚藝、美貌、房中術。

六畫

行得正，企得正，唔怕雷公閃臘令

【註】雷公閃臘令：雷公打電閃。舊時傳説，傷天害理的人，會遭雷公擊斃。

【釋】走得正，站得正，不怕打雷閃電。相當於國語的“平生不做虧心事，半夜不怕鬼敲門”。

行就先行，死就先死，企就企兩邊

【釋】走比人先走，死也比人先死，站就站兩邊（侍候人家）。這原是舊時唱大戲用來形容跑龍套角色命運的俏皮話。後來引申用以形容替人跑腿的人的命運。

十畫

唔做中，唔做保，唔做媒人三代好

【註】中：買賣或爭執事件中的中間人、見證人。保：替人擔保的人。

【釋】不要替人做中間的調停人、擔保人或媒人，這樣，世世代代便可以平平安安地過日子。這話用來告誡人不要管他人的事，不要介入他人的是非中去，以免惹禍上身。

十二畫

飲過燒酒，打過天九，錢銀交過手

【註】天九：也叫牌九，一種賭具。

【釋】舊時指考驗朋友的三關：喝過酒（從酒醉時看他的真性情），賭過錢（在賭場上看他的品德），有過錢銀往來（看他對金錢的態度）。

十三畫

嫁雞隨雞，嫁狗隨狗，嫁得馬騮隨山走

【註】隨山走：漫山走。

【釋】嫁雞隨雞，嫁狗隨狗，嫁給猴子漫山走。相當於國語的“嫁雞隨雞，嫁狗隨狗”。

十五畫

舞照跳，馬照跑，股票照樣炒

【釋】形容香港回歸中國之後，香港人的生活方式不變。

四句

四畫

牛耕田，馬食穀；父賺錢，仔享福

【註】比喻父親掙錢讓兒女揮霍是天經地義的事（敗家子常說這句俗語）。

交官窮，交鬼死，交乞丐，大把米

【釋】跟官交朋友，會窮（錢都拿去賄賂他了）；跟鬼交朋友，很快就會跟著他下陰間；跟乞丐交朋友，反而有許多米糧，不用擔心餓肚子。這句俗語用來形容仗義疏財的人每每是一些低下階層的人。相當於國語的“仗義每多屠狗輩”。

奸奸狡狡，朝煲晚炒，忠忠直直，終須乞食

【註】朝煲晚炒：早晨熬好湯，晚上炒好菜。

【釋】這句俗語指責社會的不公：奸狡的人吃好享受好，反而是忠直的人要捱窮日子。

歇後語

二字

十三畫

電兔——引死班狗公

【註】 電兔：以電操縱的假兔。引死：極為吸引。班：一眾。狗公：雄狗。

【釋】 賽狗時，以電兔逗引狗隻去追。粵人由此而把極為吸引男性的美艷女子謔稱為"電兔"。

十六畫

錢罌——有入有出

【註】 錢罌：即是儲錢的"撲滿"，平時只會存入不拿出。

【釋】 "錢罌"只入不出，用以謔稱吝嗇鬼。

三字

二畫

二打六——未夠斤兩

【註】 二打六：二加六。

【釋】 二兩加六兩是八兩，還差二兩才是一斤。人們以"二打六"嘲諷人資格淺或不入流。

二仔底—死跟

【註】 二仔底：以撲克賭沙蟹（show hand）時，底牌是二點

的，稱為“二仔底”。死跟：一味緊跟在人家背後。

【釋】玩沙蟹時，“二仔底”輸的成數極高。此時的玩法只有死跟：即不管對手牌面多大，一味跟著他落注到底。這樣，如果中途追到一隻好牌，還有機會轉敗為勝。人們以“二仔底”謔稱基礎差、本領不高強的人，亦以“二仔底”指一味緊跟在他人背後（如追求女孩子）。

十一哥——土人

【釋】“十”和“一”拼成“土”字，人們由此以“十一哥”謔稱土裡土氣的人。

十三點——亂敲鐘

【釋】報時鐘最多敲十二響。如果敲了十三響，那個報時鐘一定不正常了。人們以“十三點”謔稱神經不正常的人。相當於國語的“二百五——半封（瘋）”。

人之患——好為人師

【釋】孟子說：“人之患在好為人師”（人的毛病在於喜歡做老師教訓人）。人們由此以“人之患”作為教師的代稱。

三畫

大花筒——亂散

【註】大花筒：一種焰火。亂散：胡亂揮霍。

【釋】“大花筒”焰火在空中爆發時，散成天花亂墜。“亂散”一語雙關，暗指胡亂揮霍。人們以“大花筒”謔稱胡亂花錢、揮霍的人。

大亞灣——核電站

【註】大亞灣：廣東省地名。

【釋】提起大亞灣，香港人第一時間便想起那裡建了個核電站。核電站的電力極強。人們把魅力極強又經常向男性“放電”的女子諢稱為“大亞灣”。

大墨魚——鹹濕夾唔知死

【註】鹹濕：好色。夾：兼且。

【釋】漁夫想捉大墨魚，必先釣到一隻雌性墨魚為餌，放在海邊水中。不一會兒，便會有雄性大墨魚一隻一隻地游來求偶，為漁人擄獲。人們由此以“大墨魚”諢稱好色而又不知死活的人。

山頂屎——通天臭

【釋】山頂上的屎，臭氣薰天。人們以“山頂屎”諢稱臭名遠播的人。

四畫

火麒麟——周身引（癮）

【註】火麒麟：舊時迎神賽會時，用草紮成麒麟，可以像舞龍舞獅一樣拿來舞。在牠身上插滿焰火，一旦點燃藥引，草紮的麒麟便滿身噴火，十分好看。周身：滿身。引：（焰火的）藥引。

【釋】“周身引”諧音“周身癮”。人們以“火麒麟”諢稱有多種不良嗜好或多種興趣的人。

木筲箕——滴水不漏

【註】筲箕：舊時用以淘米、洗菜的竹器。

【釋】筲箕乃以竹篾編成的，有許多縫隙可以漏水。假如筲箕以木做成，那麼便一滴水也漏不出來了。人們由此以“木筲箕”諢稱吝嗇鬼，譏笑他們連一點利益也捨不得拿出來幫助別人。相當於國語的“鐵公雞——一毛不拔”。

瓦風領——包頂頸

【註】瓦風領：瓦做的風領。頂頸：（1）頂著頸脖子；（2）跟人抬槓。

【釋】瓦做的風領，穿起來必定頂著頸脖子。“包頂頸”一語雙關，老是跟人抬槓、強辯的人便被譏稱為“瓦風領”。

水鬼氹——監人賴厚

【註】氹：哄騙。監人賴厚：逼人承認某種不存在的關係。

【釋】根據迷信的說法，水鬼想要轉世，必須拉一個人跌進水裡溺死，以作“替身”。所以，水鬼常常幻化為美女，在水塘旁哄騙路人，賴著臉皮逼人認親，以便拉人下水。人們由此而以“水鬼氹”揶揄人厚著臉皮逼人認親。

水殼仔——唔浮得幾日

【註】水殼仔：水勺子。

【釋】舊時以瓢作水勺子，由於瓢一頭重另一頭輕，所以極易翻沉。人們以“水殼仔”形容好景維持不了多久。相當於國語的“兔子尾巴——長不了”。

五畫

打斧頭——咬金

【註】打斧頭：粵人戲稱辦理伙食的人暗中侵吞伙食費。咬金：程咬金，《隋唐演義》中瓦崗起義軍的將領，善以板斧殺敵。

【釋】粵人之所以戲稱侵吞伙食費的行為為“打斧頭”，乃以“打斧頭”（耍弄板斧）的主角的名字“咬金”暗示私下“咬食”了菜金。與“忽必烈——吞金滅宋”有異曲同工之妙。

打齋鶴——度人升仙

【註】打齋：粵人風俗，親人亡故之後四十九日之內，要請和尚上門誦經，以超度亡魂，這種迷信活動稱為打齋。

【釋】打齋時，喪家門口要豎一幡竿，幡竿上頭紮著一隻紙鶴，據説這鶴可以引導亡魂升仙。人們由此以“打齋鶴”謔稱教唆他人吸毒（令人成為“鴉片仙”）的人。現在也以“打齋鶴”泛稱教唆他人為非作歹的人。

石灰籮——去到邊度白到邊度

【釋】裝石灰的籮筐，放到哪兒就白到哪兒。人們以“石灰籮”謔稱到處留下劣行的人。

石罅米——雞啄

【註】罅：縫隙。雞：諧音“妓”，妓女俗稱。

【釋】掉在石板縫裡的米，只有雞才啄得到。揶揄只肯在妓女身上花錢的吝嗇鬼。

生白果——腥夾悶

【註】白果：果仁的一種。腥夾悶：（1）腥味，並且胸口發悶；（2）粵語中把吹毛求疵稱為腥悶。夾：兼且。

【釋】廣東人喜歡以白果熬白粥來吃。白果要是生吃，便會有一股腥味，而且感到胸口發悶，想嘔。“腥悶”一語雙關，諷刺人喜歡挑剔、吹毛求疵。

生草藥——噏得就噏

亦作“賣生草藥——噏得就噏”。

【註】噏得就噏：信口開河。

【釋】一般人對生草藥的認識甚少，所以任由賣生草藥的人瞎吹胡説一通。人們由此以“生草藥”諷刺人信口開河。

白撞雨——濆（讚）壞

【註】白撞雨：驟雨。濆：濺。

【釋】炎夏驟然而下的雨，常把人濺出病來。“濆壞”諧音“讚壞”，指把人讚壞。

皮鞋筋——一扯到口

【註】皮鞋筋：縫皮鞋的橡皮線。一扯到口：形容極易發脾氣。

【釋】舊時鞋匠製鞋時，用橡皮線縫，從鞋底一扎，從鞋面上用力一扯，到嘴裡用口水濕一濕，然後縫第二針，所以説一扯到口。“一扯到口”一語雙關，譏諷人脾氣火爆。

四方木——踢一踢，郁一郁

【註】郁：動。

【釋】四方形的木頭，踢一踢才動一動（不像圓形的木頭，踢一下便滾動得很久）。謔稱推一推才動一動的懶漢。

田雞東——各自付錢

【註】田雞：大青蛙。東：作東，請客的主人。

【釋】這句歇後語由“田雞過河——各有各撐”衍化而來，田雞過河時，各憑自己的力量游去。人們由此以“田雞東”指一班人上飯館吃飯（或飲茶）是由大家作東（即各自付錢）。

出爐鐵——聽打

【註】聽：等候。

【釋】出爐的鐵，等著鐵匠敲打。小孩子淘氣、不聽話，父母常罵他“出爐鐵”，意思是：你就等著挨打吧。

六畫

交通燈——點紅點綠

【註】點紅點綠：瞎指揮。

【釋】交通燈，一會兒顯示紅色，一會兒顯示綠色。“點紅點綠”一語雙關，諷刺人瞎指揮。

死牛龜——一便頸

【註】牛龜：大牛。一便頸：（1）把頸歪向一邊；（2）形容脾氣倔強。

【釋】牛死之後，頸便歪向一邊。“一便頸”一語雙關，形容人脾氣倔強，遇事不肯轉彎。

竹織鴨——冇心肝

【註】冇心肝：（1）沒有心肝；（2）沒有記性。

【釋】用竹絲編織的鴨（工藝品），自然是沒有鴨心、鴨肝的啦。“冇心肝”一語雙關，取笑人粗枝大葉，沒有記性。

朱義盛——假嘢

【註】假嘢：假貨色。

【釋】朱義盛是舊時廣州的一家金飾店，以供售K金首飾著名。雖然朱義盛供售的K金首飾以永不退色為標榜，但是K金始終是K金，所以當農夫向人炫耀從城裡買回來的朱義盛金飾時，識貨者便會鄙夷地譏笑那是“假嘢”。現在人們多以“朱義盛”譏稱假冒的貨色。

老番瓜——滿肚核

【註】番瓜：南瓜。

【釋】老了的南瓜，滿肚子的瓜籽。人們以“老番瓜”謔稱滿肚子壞主意的人。

七畫

豆腐刀——兩便利

【註】兩便：兩邊。

【釋】切豆腐的刀無論刀刃或刀背都一樣薄而鋒利。人們由此而以“豆腐刀”謔稱兩面三刀的人。

夾色卵——死頂（粗話）

【釋】中醫認為，病中行房，病上加病，謂之“夾色”。病上加病仍勉力行房，只好硬撐著那話兒。因此，人們以“夾色卵”謔稱沒本事、卻偏愛逞強的人。

八畫

波羅雞——靠黐

【註】黐：（1）黏貼；（2）揩油。

【釋】舊時廣州有座波羅廟，廟前有紙雞賣，讓善信買回去圖個吉利。製作紙雞時不但紙與紙之間、紙與竹枝之間都要黏貼，紙雞身上的彩色真雞毛，更要靠膠黏貼，所以說“靠黐”。“靠黐”一語雙關，諷刺人喜歡揩油、佔人家便宜。

盲公竹——篤人不篤己

【註】盲公竹：盲人探路的竹杖。篤：（1）敲打；（2）指責。

【釋】盲人用竹杖探路時，竹杖只會敲打到別人而不會敲打到自己，所以說“篤人不篤己”。“篤人不篤己”一語雙關，指人一味指責他人而不檢討自己。相當於國語的“手電筒——照人不照己”。

金手指——專篤人背脊

【註】金手指：“鐵金剛”影片中的一個人物的渾名。篤：以手指戳。篤人背脊：在背後打小報告陷害人。

【釋】“鐵金剛”影片中的金手指，與“專篤人背脊”沒有甚麼關係。人們只是因為想像到，金手指“篤人背脊”一定很痛。所以人們以“金手指”諢稱專門篤人背脊（打小報告害人）的人。

忽必烈——吞金滅宋（餸）

【註】餸：菜餚。

【釋】忽必烈即是元世祖，他吞併了金國，滅了宋朝。“吞金滅宋”諧音“吞金滅餸”，指辦伙食的人貪污了買菜的錢，致使菜餚簡陋。

狗咬龜——冇定落手

【註】冇定：沒有地方。落手：下手。

【釋】人們以“狗咬龜”比喻事情無從下手。

九畫

茅根竹——蔗（借）水

【註】借水：借錢。粵人以水喻財。

【釋】茅根竹蔗水是粵人喜愛的夏日飲品，有清熱解毒之效。

光說“茅根竹”，人們自然想起後面省去的兩個字：“蔗水”。“蔗水”諧音“借水”。由此，見到有人想來借錢，便譏稱那人為“茅根竹”。

神台桔——陰乾

【註】 陰乾：風乾。

【釋】 供奉在神台上的桔，放的時間久了，變得又乾又癟。形容事物或事業逐漸萎縮。

神仙屎——唔臭米嚿

【註】 唔臭米嚿：沒有一點米飯的氣味。

【釋】 神仙不食人間煙火，所以他的糞便沒有一點米飯的氣味。揶揄人昧於世情，言行脫離現實。

神經刀——亂劈

【釋】 神經病人手中的刀，到處亂劈人。人們由此以“神經刀”譏稱不定向、無原則地到處開口攻訐人的人。

炮仗頸——一點就著

【釋】 有些大的炮仗（爆竹），它的引火芯是放在炮仗頸上的，一點火就即刻爆響。比喻脾氣暴躁，稍稍一碰就發火的人。

皇帝女——唔憂嫁

【註】 憂：擔心。

【釋】 皇帝的女兒，根本不用擔心嫁不出去。比喻有本事的人，用不著擔心沒人聘用。

昭君位——出塞（菜）

【釋】漢代王昭君遠嫁番邦，戲曲有"昭君出塞"的傳統戲目。"出塞"諧音"出菜"，所以人們便把宴席上留給上菜的空位叫做"昭君位"。

指天辣——愈細粒愈辣

【釋】指天椒，個子愈小愈辣。比喻個子小而又十分潑辣的人。

十畫

柴可夫——斯基（司機）

【釋】柴可夫斯基是俄羅斯著名音樂家，使用時，只說"柴可夫"，讓人想到後面的"斯基"兩字。"斯基"諧音"司機"，人們因而以"柴可夫"作為司機的昵稱。例如：喺出邊等我嘅，就係我嘅柴可夫（在外邊等我的，就是我的司機）。

桄榔樹——一條心

【釋】桄榔樹，外形像棕櫚而多節，由於它只有一條直直的樹幹向上，並無橫枝，而且是空心的，所以人們就拿它來作為男性愛情專一的象徵。

浮頭魚——死梗

【註】死梗：必死無疑。

【釋】魚頭一直浮在水面上，

浮頭魚——死梗

是魚快要死的徵兆，所以說“死梗”。人們由此以“浮頭魚”形容事情糟到了無可挽救的地步。

胭脂馬——難騎（粗話）

【釋】胭脂馬，疑是一種不供騎坐用的觀賞馬，比喻難以控制、駕馭的女人。“難騎”一語雙關，含義粗鄙猥褻。

師姑尿——無味

【釋】師姑食素，小便沒有臊味，人們以“師姑尿”謔稱淡而無味的酒或茶。相當於國語的“滾水沏茶——沒味兒”。

拿破侖——費卵事傾（粗話）

亦作“法國皇帝——費卵事傾”

【註】費卵事傾：（1）France King（法國國王）的譯音；（2）“費事傾”即是表示不願意跟人傾談。卵（男子生殖器）插在“費事傾”中用以加強語氣。

【釋】表示極不願意或不屑跟人傾談。

粉牌字——唔啱就抹咗佢

【註】粉牌：舊時小店舖用以記賬的白色牌。唔啱就抹咗佢：不對就抹掉它。

【釋】寫在白色牌板上的字，寫錯了可以隨時抹掉。人們常以“粉牌字”來謙稱自己的意見，如對方以為不合適，便取消它。

疍家雞——見水唔得飲

【釋】養在疍家艇上的雞，見得到艇四周的水，可是一口也喝不到。比喻自己喜愛的東西見得到卻享用不到。

十一畫

做同學——書（輸）友

【釋】同學又稱“書友”，“書友”諧音“輸友”，謔稱彼此都是賭場輸家。

做非林——成世唔見得光

【釋】比喻做人情婦，永遠都要偷偷摸摸。

細婆仔——多卵餘（粗話）

【註】細婆：小老婆。仔：兒子。多餘：多此一舉。卵：（1）男性生殖器；（2）插在詞語中間用以加強語氣。

【釋】小老婆生的兒子，是丈夫的那話兒閑暇之餘弄出來的。比喻多此一舉。

掘龍尾——搞風搞雨

【註】掘尾：斷了尾巴。

【釋】傳說龍能呼風喚雨。斷尾的龍，一定是整天搞風搞雨搞得太厲害的緣故。人們由此謔稱專門撩事生非的人為“掘尾龍”。

船頭尺——度水

【註】度水：（1）量度水的深度；（2）借錢。

【釋】划在船頭的標尺，是為了量度船的吃水的深度。“度水”一語雙關，人們以“船頭尺”謔稱老是向人借錢的人。

十二畫

黃腫腳——不消蹄（提）

【註】蹄：腳的謔稱。

【釋】患上黃腫病的腳很難消腫，所以叫做“不消蹄”。“不消蹄”諧音“不消提”，形容事情很糟，不堪聞問。

無下巴——説得謊話多

【釋】俗語有謂“説大話，甩大牙”，意思是説：説謊話會掉大牙。如果一個人連下巴都掉了下來，一定是太常説謊話了。人們以此謔稱慣説慌話的人“無下巴”。

開籠雀——吱喳不停

【釋】取笑女人或小孩吱吱喳喳地説個不停。

番鬼狗——養唔熟

【釋】洋人養的狗，因為聽慣了洋人呼喚，換了本地人飼養，無論養多久，都混不熟。人們由此以“番鬼狗”謔稱沒有歸屬感的老僱員。

十三畫

塘邊鶴——睇準嚟食

【釋】在塘邊徘徊的鶴，等待著魚兒出現，看準目標捕食。人們由此以“塘邊鶴”謔稱賭場散客，他們在賭桌旁遊來蕩去，偶爾看準時機落一賭注，贏了便走。

塘底泥—水乾至見

【註】水：廣東人以水喻財。至：才。

【釋】水塘底的泥，只有水乾的時候才見得到。“水乾至見”一語雙關，比喻一種朋友，沒錢的時候才會出現。

電燈膽——唔通氣

【註】電燈膽：電燈泡。唔通氣：（1）密不透氣；（2）不通人情。

【釋】電燈泡，密不透氣。"唔通氣"一語雙關，形容不通人情，不知情識趣。例如有對小情人在談情説愛，卻有一個人老是不識趣地陪在他們身旁，人們便會戲稱那個不識趣的人為"電燈膽"。

新屎坑——三日香

亦作"新屎坑——三日旺"

【釋】比喻對某事物只因貪新喜愛幾天而已，過不了幾天便又厭惡了，也比喻某新事物興旺不了多久。

痳瘋屎——唔近得

【註】唔近得：接近不得。

【釋】據説痳瘋病人的屎也會傳染痳瘋病，所以接近不得。人們因此以"痳瘋屎"謔稱被眾人憎惡、或者名聲極壞以致沒有人願意接近的人。

十四畫

瘌痢頭——難剃

【釋】癩痢頭，不容易剃。人們由此以"瘌痢頭"謔稱不好對付的人或事。

十五畫

賣藥佬——口慣

【註】賣藥佬：走江湖賣藥的人。

【釋】走江湖賣藥的人，慣靠那把嘴說。形容只說不做。

鞋桶沙——戽清至得安樂

亦作“鞋桶沙——抌乾淨至安樂”

【註】鞋桶：即是鞋身。戽清：把它弄乾淨。抌：抖出來。至：才。安樂：舒心。

【釋】鞋裡有沙，非要把它弄出來，走路才會舒坦。“戽清至得安樂”常用於比喻敗家子非要把家財全部花光才會舒心。“抌乾淨至安樂”則比喻非要把某人清除才能舒心。

豬乸屎——一出就執

【註】豬乸：母豬。執：撿拾。

【釋】母豬屎大堆，而且一般人認為較肥，所以舊時撿糞的孩子一見到母豬拉屎便搶著去撿拾。比喻熱門貨，一上市便有許多人搶著購買。

劏豬櫈——上親就死

亦作“劏豬櫈——瞓一隻上去死一隻”

【註】劏豬櫈：農村中殺豬用的長櫈。上親：一擺上去。瞓上去：睡上去。

【釋】豬一擺上殺豬櫈，便只有死的份兒了，農村裡把那些“有剋夫命”的婦女諢稱“劏豬櫈”（誰娶了她都注定要死的）。

撈蝦籠——有入冇出

【釋】撈蝦籠，只能進不能出。人們以“撈蝦籠”諢稱吝嗇鬼。

十六畫

燒壞瓦——唔入疊

【註】唔入疊：（1）不能疊在一起；（2）比喻個性乖僻，不合群。

【釋】燒壞了的瓦，因為跟其他瓦片彎度不同，所以不能夠跟其他瓦片疊在一起。人們由此而以"燒壞瓦"謔稱個性乖僻、不合群的人。

十八畫

雞屙尿——少見

【註】屙尿：拉尿。

【釋】形容極罕見的事。

鯇魚尾——搭嘴

【註】搭嘴：在別人說話的時候插嘴。

【釋】廣東人賣魚的習慣，鯇魚尾（實際是魚腹至魚尾）以鯇魚嘴（實際上指魚頭骨）來搭秤的。"搭嘴"一語雙關，揶揄人愛插嘴。

翻茶渣——冇釐味道

【註】翻茶渣：泡過好多次的茶渣。冇釐：沒有一點兒。

【釋】人們以"翻茶渣"謔稱乏味的事情。

二十畫

蘇州屎——難執拾

【註】執：撿拾。

【釋】典故來歷不明。人們習慣以“蘇州屎”謔稱難以收拾的爛攤子。

二十一畫

鐵沙梨——咬唔入

【註】鐵沙梨：一種特別硬的沙梨。

【釋】鐵沙梨肉硬，很難咬得進去。比喻吝嗇鬼，無論用甚麼辦法都難以從他那裡討到一點便宜。

二十五畫

籮底橙——揀唔上手

【釋】放在籮底的橙，都是顧客撿剩下來的，沒有一個揀得上手的。人們由此以“籮底橙”謔稱沒人肯要的貨色或嫁不出去的女子。

四字

二畫

十月芥菜——起心

亦作“十月芥菜——起晒心”

【註】起心（起晒心）：（1）長出了菜心；（2）動了春心。

【釋】芥菜長到了十月，便開始長出菜心，準備結菜籽了。“起心”（起晒心）一語雙關，取笑女子對異性動了心。

三畫

三武鵝五——只有人打佢，沒有佢打人

【釋】"三武鵝五"是天九的賭局術語。掌握這種牌局的人只有被人"吃掉"的份。所以說"只有人家打他，而沒有他打人家"。譏笑躄腳將軍老是吃敗仗。

大蛇屙尿——罕見

【釋】人們以"大蛇屙尿"形容事物稀奇、少見。

四畫

木匠擔枷——自作自受

【註】擔枷：戴枷。

【釋】枷是木匠做的，木匠戴枷，比喻自作自受。

太監下巴——毛都冇條

【釋】太監是不長鬍鬚的，人們以"太監下巴"取笑光溜溜的東西。

六點踏正——指天篤地

【註】指天篤地：吹牛時比手劃腳的樣子。

【釋】當時鐘走正六時，長針指上，短針指下，正如一個人吹牛時指天篤地的樣子。揶揄人比手劃腳亂吹牛皮。

冇柄尿壺——唯有揸住頸嚟使

【註】揸住頸：（1）抓住頸；（2）硬忍著氣。

【釋】沒有柄的尿壺，只好抓住它的柄來用。"揸住頸嚟使"

一語雙關，指強忍著氣使用。例如有位老闆請了一個有毛病的夥計，礙於某種原因不便辭退他，這時人們就會譏笑他請了一個“有柄尿壺”，唯有強忍著氣使用。

冇尾燒豬——唔慌好事

【註】唔慌：不要指望。

【釋】粵俗以燒豬祭奠死者時定要去尾。所以，一見沒有尾巴的燒豬，就別指望是甚麼好事了。比喻不是好事來的。

冇頭烏蠅——亂撞

【註】烏蠅：蒼蠅。

【釋】相當於國語的“沒頭蒼蠅——瞎撞”。

冇節竹筒——穿晒底

【註】穿晒底：（1）洞穿到底；（2）秘密或意圖被人揭穿。

【釋】沒有竹節的竹筒，一穿到底。“穿晒底”一語雙關，指秘密或意圖被人揭穿。

冇掩雞籠——自出自入

【註】掩：雞籠的小門。

【釋】只有門洞而不設小門的雞籠，雞隻可以自由出入。形容全無約束，全無規矩，出入自由。

水瓜扮狗——唔見咗一橛

亦作“水瓜打狗——唔見咗一橛”

【註】水瓜：帶稜的絲瓜。扮：用長棍打。唔見咗：不見了。橛：量詞，截。

【釋】用絲瓜當作棍子打狗，打了一下，絲瓜早已斷了一截。

比喻已經損失了一半。

水過鴨背——唔裝載

【釋】 水過鴨背，鴨背上甚麼也沒留下。人們以“水過鴨背”形容這耳進，那耳出，一點也沒記住。相當於國語的“東風吹牛耳”。

水過鴨背——唔裝載

水浸眉毛——唔知死

【釋】 水浸到眼眉，快要沒頂了，還不知道生命已岌岌可危。罵人不知死活。

水浸馬騮——眼擘擘

【註】 馬騮：猴子。眼擘擘：形容眼瞪得很大的樣子。

【釋】 猴子遭水淹，眼瞪得大大的。形容人驚慌得沒了主意，只乾瞪著眼。

火燒屋樑——大炭（歎）

亦作“火燒棺材——大炭（歎）”

【註】 歎：享受。

【釋】 屋樑（或棺材）經過火燒，便剩下一塊大炭。“大炭”諧音“大歎”，形容生活舒適，享受之至。

火燒旗竿——長炭（歎）

【釋】旗竿經過火燒，剩下一條長炭。“長炭”諧音“長歎”，形容享受得很久很久。

火燒燈芯——冇炭（歎）

【釋】燈芯經過火燒，連一點炭也剩不下來。“冇炭”諧音“冇歎”，形容生活景況窘迫，無可享受。

瓦簷石獅——吻到棍

同“簷邊獅子——吻到棍”。

日本郵船——池早丸（遲早完）

亦作“日本郵輪——池早丸（遲早完）”

【註】池早丸：一艘日本郵輪的名字。

【釋】“池早丸”諧音“遲早完”，指人或事已無可救藥，遲早總要完蛋的。

公雞戴帽——冠上加冠（官上加官）

【釋】“公雞戴帽”可以用來祝賀朋友不斷升官，也可用來形容人剛升官，立即獲得某項榮銜。

公鷄戴帽——冠上加冠（官上加官）

五行缺水——冇錢

亦作"五行缺金——冇錢"

【註】水：粵人以水為財。

【釋】五行指金木水火土，相士常指某人五行欠某項。"缺水"（或"缺金"）一語雙關，暗指手頭緊。

牛噍牡丹——唔知花定草

亦作"牛噍牡丹——唔知香定臭"

【註】：噍嚼。定：還是，或者是。

【釋】牛嚼牡丹，分辨不出它是花還是草，是香還是臭。人們由此而以"牛噍牡丹"嘲笑人因水平低而不懂得欣賞。相當於國語的"豬八戒食人參果"。

牛皮燈籠——點極唔明

【註】點極唔明：（1）怎麼點燃它，都不透光；（2）怎麼指點，都不明白。

【釋】燈籠的外皮，一般都用薄紙、透明紙或玻璃做，以便透光，如果用牛皮做燈籠的外皮，那麼裡面無論點燃多大的蠟燭，都不會透光。"點極唔明"一語雙關，形容人極蠢鈍，無論如何指點，都不開竅。相當於國語的"對牛彈琴"。

五畫

打爛沙盆——璺（問）到篤

【註】沙盆：瓦盆。璺：瓦器上的裂紋。到篤：到底。

【釋】打破了沙盆，沙盆上的裂紋一裂到底。"璺到底"諧音"問到底"，指追問到底。

石狗屎忽——不通（粗話）

【註】屎忽：屁股，這裡指屁眼。

【釋】石狗沒有屁眼，不能用以交尾，所以說“不通”。嘲笑人家說話或作文，文理、情理都不通，可以說“石狗屎忽”。

生蟲拐杖——靠唔住

【釋】被蟲蛀了的拐杖，靠不住。比喻人不可靠。

尼姑齋菜——冇釐油水

【註】冇釐：沒有一點兒。

【釋】尼姑吃的齋菜清淡得很，很少油水。人們因此以“尼姑齋菜”戲指沒有甚麼油水可撈。

田雞過河——各有各撐

【註】田雞：大青蛙。撐：蹬腿游水的動作。

【釋】青蛙過河，各有各的蹬水姿勢。比喻各幹各的，也比喻各靠各的本領。

市橋蠟燭——假細芯（心）

【註】市橋：廣東番禺的一個鄉鎮名。

【釋】市橋做的蠟燭燭芯太粗，外面只蘸了一層薄薄的蠟，製造商只把露出來的那一小截燭芯弄得很細，令人誤以為這種蠟燭耐點。所以說它“假細芯”。“假細芯”諧音“假細心”，取笑人假殷勤。

奶媽湊仔——人家物

【釋】奶媽照管的孩子，那是人家的孩子。比喻手裡的東西非自己所有。

禾稈穿針——難過眼

【註】禾稈：稻草稈。

【釋】用稻草稈穿針，自然過不了針眼。"難過眼"一語雙關，比喻事情或物件不妥，令人看不過眼。亦形容關節難以打通。

六畫

死人燈籠——報大數

【註】報大數：報大了數目。

【釋】民間俗例，凡成人死後，喪家門口掛白燈籠，燈籠上寫著死者的歲數，而那歲數例必加三歲，所以説"報大數"。比喻吹牛，誇大。

老公撥扇——妻（淒）涼

【註】老公：丈夫。撥扇：搧扇子。淒涼：慘，夠受的。

【釋】丈夫搧扇，妻子涼快。"妻涼"諧音"淒涼"。人們以"老公撥扇"形容悽慘、難過的境地。

老鼠拉龜——冇定埋手

【註】定：地方。埋手：下手。

【釋】老鼠想拉烏龜，卻找不到地方下手。比喻無從下手。

老鼠拉龜——冇定埋手

老周旺船——唔啱又反轉

【註】旺船：舊時水上人家新船下水時，要做一番祭天、祭海的迷信活動，以祈求船隻興旺，那迷信活動就叫旺船。唔啱：不對。

【釋】有個姓周的巫師替人家主持旺船儀式時，新船下水卻來了個船底朝天，老周當場慌了手腳，連忙唸咒："唔啱又反轉！唔啱又反轉"（不對了，不對了，把船再反轉過來！）。譏笑男女忽而如膠似漆，忽而反面無情。

年晚煎堆——人有我有

【註】煎堆：一種圓球形的油炸糯米甜品，中有爆榖，外有芝麻。

【釋】廣東民俗，過年時節每家都要炸煎堆，以寓來年富有、吉祥之意，即使是貧窮之家，也要人有我有。比喻循例跟著人家購買了某件物品。有時也用於婚姻方面，例如一個到了相當年齡的男士，為了怕人嘲笑，顧不得精挑細選，草率地娶了個老婆，這種情況下，那個男士便常對人自嘲："年晚煎堆——人有我有"。

芋頭點糖——心淡

【註】點糖：蘸糖。心淡：灰心。

【釋】芋頭蘸糖，芋心依然是淡的。"心淡"一語雙關，形容心灰意冷。

杉木靈牌——唔做得主

【註】主：指神主牌。唔做得主：（1）不可以用來做神主

牌；（2）作不得主。

【釋】 廣東習俗用栗木做神主牌，杉木則不可以。"唔做得主"一語雙關，比喻有職無權。

秀才手巾——包書（輸）

【釋】 秀才的手巾，大半用來包書。"包書"諧音"包輸"，指必輸無疑。近似於國語的"孔夫子搬家——盡是書（輸）"。

秀才手巾——包書（輸）

佛山孝子——似層層

【註】 似層層：似模似樣。

【釋】 舊時廣東佛山有"職業孝子"，專門受僱替人做孝子哭喪的，哭喪時一把鼻涕一把眼淚，像真的孝子一樣。嘲笑人裝模作樣，假裝糊塗。亦形容人裝作某種表情或扮作某人，似模似樣，逼真得很。

沙基睇相——第二位

【註】 睇相：看相。第二位：下一個。

【釋】 舊時廣東沙基有不少相士蹲在路邊為人看相，生意頗為興隆，顧客經常要排隊輪候。相士為了多賺錢，草草看了一個人的相，便急急叫著："第二位（下一個）！"這句歇後語用以指稱下一個。

沙灣燈籠——何府（苦）

【釋】 沙灣是舊時廣州附近的一個村落，全村姓何。村子裡的富户在門口懸掛燈籠，上面寫著“何府”。“何府”諧音“何苦”。人們以“沙灣燈籠”勸人不必如此。

沐恩弟子——周身債

【註】 沐恩弟子：向神祈求、許願的人，當他所祈求的願望實現時，那人就稱為“沐恩弟子”。

【釋】 沐恩弟子到處許願，卻從不還願，欠了神佛滿身債務。形容人債台高築。

社壇土地——冇瓦遮頭

【註】 社：祭祀土地神的廣場。土地：即土地神，俗稱土地公。

【釋】 放在“社”的神壇上的土地公，上無片瓦遮頭。人們以“社壇土地”謔稱無處棲身的窮漢。

法國皇帝——費卵事傾

同“拿破侖——費卵事傾”。

非洲和尚——黑人僧（乞人憎）

【註】 乞人憎：惹人討厭。

【釋】 非洲和尚亦即是黑人僧。“黑人僧”諧音“乞人憎”。惹人討厭的人便被謔稱為“非洲和尚”。

肥婆踎塔——塔塔冚

【註】踎塔：坐馬桶。塔塔冚：（1）每處都覆蓋到；（2）形容數量正好合適。

【釋】肥婆坐馬桶，肥肉所佈，沒有半點縫隙，所以說“塔塔冚”。“塔塔冚”一語雙關，形容某些東西正好適量。

狗上瓦桁——有條路

【釋】狗站到屋頂的瓦桁上去，必定有一條可以爬上去的路。比喻人作惡弄詭，必有軌跡可尋。

狗咬尾巴——氹氹轉

【註】氹氹轉：團團亂轉。

【釋】狗咬自己的尾巴，因為無法咬到而團團亂轉。形容團團亂轉的樣子。

盲公布袋——自開自解

【釋】盲人怕人偷他布袋裡的東西，所以打結十分特別，只有他自己才能解開。“自開自解”一語雙關，指自我安慰。

盲佬上樓——摸（摩）登

【釋】盲人上樓，是摸索著登梯的。“摸登”諧音“摩登”，形容時髦。

盲佬貼符——倒貼

【註】盲佬：盲人。倒貼：指女人拿錢養姘頭。

【釋】盲人貼符，常常把符倒貼。“倒貼”一語雙關，指女人拿錢養姘頭。

盲婆餵奶——亂塞

【釋】盲眼的婦人餵奶，看不見孩子的嘴在哪裡，只好把奶頭胡亂塞給孩子。比喻不理人家需要不需要，把東西胡亂塞給人家。例如打麻將時，上家不知扣牌誅章，只是拚命給下家上牌，便會被罵為"盲婆餵奶"。

盲頭烏蠅——亂咁撞

同"冇頭烏蠅—亂撞"。

放路溪錢——引死人

【註】溪錢：冥紙。

【釋】出殯時，俗例有人沿途撒冥紙給魂野鬼，讓他們帶引死人到他的安息地。"引死人"一語雙關，形容女性的魅力十分吸引人。

岳飛老母——專篤背脊

【註】專篤背脊：（1）專刺背脊；（2）專在背後打小報告害人。

【釋】岳飛小時候，岳母在他的背上用針刺了"精忠報國"四個字。"專篤背脊"一語雙關。人們由此以"岳飛老母"謔稱專門在背後打小報告害人的人。

阿六捉蛤——焗住

【註】蛤：即蛤乸，青蛙。焗住：（1）用燈火近距離地照著；（2）被迫。

【釋】鄉下人阿六夜晚去捉青蛙，只要用燈火近距離照著青蛙，青蛙就動也不敢動，束手待捕。"焗住"一語雙關，比喻被迫做某件事。

阿昆洗鑊——內外都咁乾淨

【註】鑊：鐵鍋。

【釋】有個傻瓜名叫阿昆，洗鍋時連鍋底都洗，還自誇“內外都咁乾淨”。現在多用以形容賭徒輸錢輸個精光。

阿茂整餅——冇嗰樣整嗰樣

【註】整餅：製餅。

【釋】製餅師傅阿茂，製餅技術差，偏是又喜歡弄花樣，沒哪樣就製哪樣。比喻裝模作樣，或比喻多此一舉。

阿婆扻褲——論論盡盡

【註】扻褲：提褲。論盡：形容笨手笨腳的樣子。

【釋】上了年紀的婦女提褲，笨手笨腳。這句歇後語常用以取笑人做事不麻利，笨手笨腳的。

阿婆賴尿——常慣

【註】賴尿：尿牀。

【釋】阿婆尿牀，是常有的事。形容事情常見，不稀奇。

阿崩叫狗——愈叫愈走

【釋】崩口的人叫狗，由於發音不準，而狗則以為是嚇唬牠，所以越叫越走。常用於罵孩子不聽叫喚，大人一邊叫喚他，他卻假裝聽不見，逕自向外走去。

阿崩吹簫——嘥聲壞氣

【註】嘥聲壞氣：（1）形容聲氣散失；（2）徒費唇舌。

【釋】崩口的人吹簫，所吹的氣從唇缺處洩去。“嘥聲壞氣”一語雙關，形容徒費唇舌。

阿崩劏羊——冇得咩

亦作"阿崩劏羊——咩都唔咩"

【註】劏羊：宰羊。冇得咩（咩都唔咩）：羊連叫一聲都不可能。

【釋】有個崩口的宰羊師傅，他宰羊時把羊嘴綁住，結果羊連叫都沒得叫。人們以"阿崩劏羊"形容人橫蠻，欺侮了人，還不准人家出聲。

阿崩養狗——轉性

【註】轉性：個性忽然改變。

【釋】有個崩口的人一向虐待狗，有一天他忽然養起狗來。譏笑人忽然間改變了個性。

阿超採耳——慢慢你就知

【註】採耳：挖耳朵。從前，理髮師傅替顧客理完髮之後，還要替顧客挖耳。挖耳技術好的，會令顧客感到非常舒服。

【釋】理髮師阿超替顧客挖耳時，便讓顧客坐在一條長櫈上。問他為甚麼，答說"慢慢你就知"。原來阿超的挖耳技術極差，弄痛了顧客的耳朵，令顧客不停地往後縮，等到挖耳完畢，顧客也從長櫈的這一頭縮到那一頭去了。人們由此以"阿超採耳"暗示對方慢慢就要嘗到苦頭了。

阿超著褲——焗住（粗話）

【註】著褲：穿褲。焗住：緊緊迫著。

【釋】阿超的那話兒生得特別粗大，一穿起褲子，便覺得那活兒被緊緊迫著，很不舒服。"焗住"一語雙關，比喻事出無奈，不得已如此做。

阿跛托蔗——長蹟（慣）

【註】托蔗：揹著甘蔗。長蹟：老是摔跤。

【釋】跛子揹蔗，身體失去平衡，於是老是一路摔跤。“長蹟”諧音“長慣”，表示對某事早已習慣。

阿福肚臍——有凸

【註】有凸：（1）指有東西凸出來；（2）尚有餘數。

【釋】有個傻瓜名叫阿福，看到自己肚臍有塊臍頭凸出來，逢人便誇“有凸”。“有凸”一語雙關，指尚有餘數。

阿駝行路——舂舂（中中）地

【註】舂舂地：走路時，頭向前一探一探的。

【釋】駝子走路時，頭老是向前一探一探的，“舂舂地”諧音“中中地”，形容品質中等，不好不壞。

阿蘭賣豬——一百唔賣賣八十

【釋】蠢婦人阿蘭到市場賣豬，人家出價一百，她偏要賣八十元。譏笑人蠢鈍，專做一些令自己吃虧的事。

阿聾送殯——唔聽你支笛

亦作“阿聾送殯——唔聽你支死人笛”

【註】笛：（1）嗩吶；（2）調度，指揮。

【釋】聾人送殯，聽不到送殯的嗩吶。“唔聽你支笛”一語雙關，表示不聽你那一套。（“唔聽你支死人笛”意思相同，只不過語氣更為粗魯。）

阿聾養雞——啼（提）都唔啼（提）

【釋】聾子養雞，因為他聽不見，所以以為他養的雞都不會啼。“啼都唔啼”諧音“提都唔提”，比喻人對所忌諱的事不敢提及。相當於國語的“馬尾巴提豆腐——提不得”。

阿聾燒炮——散晒

【註】炮：指炮仗。

【釋】聾子燒鞭炮，聽不見聲音，只見鞭炮忽然散了。“散晒”一語雙關，形容一鬨而散。

妹仔抱仔——人家物

亦作“妹仔湊仔——人家物”

【註】妹仔：婢女。湊仔：帶孩子。

同“奶媽湊仔——人家物”。

妹仔抱仔——人家物

九畫

苦瓜煮鴨——苦過弟弟

亦作“苦瓜炆鴨——苦過弟弟”

【註】苦過弟弟：形容味道極苦。也有人説廣府人把鴨叫做“弟弟”。

【釋】苦瓜煮鴨，味道極苦。“苦”字雙關，形容心情愁苦或生活困苦。

祖孫歸家——返老還童

【釋】 祖孫歸家，即是老返童亦還。人們以“祖孫歸家”作為“返老還童”的俏皮說法。

祖孫歸家——返老還童

洗濕個頭——唔剃唔得

亦作“濕咗個頭——唔剃唔得”

【註】 濕咗：弄濕了。唔剃唔得：不剃不行。

【釋】 舊時剃頭，理髮師傅先把顧客的頭洗濕，然後讓他坐在一旁等著。顧客一旦被洗濕了頭，想不剃頭都不行了。人們由此以“洗濕個頭”指事情一旦開了頭，想縮手不幹都不行，只好硬著頭皮幹下去。

南風入袋——鹹夾濕

【註】 鹹濕：好色。夾：兼且。

【釋】 一颳東南風，帶來海邊的濕氣，弄得裝米裝鹽的麻袋全都又鹹又濕。"鹹濕"一語雙關，取笑人好色。

剃刀門楣——出又刮，入又刮

【釋】 用剃刀做門楣，進出都要被刮。"刮"暗指剝削。如街邊一些外幣兑換店，利用進出差價獲得中間利潤，每進出一次都要刮去一筆，就可以用這句歇後語形容。

玻璃荷包——有幾多錢一眼就睇晒

【註】 一眼睇晒：一目了然。

【釋】 以玻璃做的錢包，裡面有多少錢一目了然。揶揄人家的身家薄。

玻璃荷包——有幾多錢一眼就睇晒

玻璃眼鏡——假晶（精）

【釋】 舊時眼鏡是水晶做的，用玻璃做的眼鏡會被人嘲笑冒充水晶。"假晶"諧音"假精"，嘲笑人假裝精明。

缸瓦荷包——有個仙就生生響

【註】 仙：銅幣。

【釋】 用缸瓦做的錢包，有一個銅幣便叮叮噹噹地響。比喻有一點錢便四處炫耀，生怕人家不知道。

扁擔挑油——兩頭掛

【釋】 扁擔挑油，兩頭都掛滿了油瓶。“兩頭掛”一語雙關，暗指兩頭掛慮。

歪嘴尿壺——拗卵頸（粗話）

【註】 卵：男性生殖器。拗頸：（1）扭曲頸脖；（2）抬槓，脾氣倔強。

【釋】 歪嘴尿壺，扭曲了那話兒的頸。“拗卵頸”一語雙關，罵人抬槓（“卵”插在詞語中用以加強語氣）。

食法國菜——多魚（餘）

【註】 多餘：多此一舉。

【釋】 吃法國餐，魚為主菜，所以説“多魚”。“多魚”諧音“多餘”，表示多此一舉。

食咗草龍——好唱口

【註】 草龍：保護聲帶的草藥。

【釋】 吃了草龍，唱起歌來好聽多了，嘲笑人説好聽話。

食咗陳皮——下了啖氣

【註】 下氣：消了火氣。啖：量詞，口。

【釋】 吃了陳皮，消了火氣。形容怒氣已消。

食咗蒜頭——大口氣

亦作“食咗成擔蒜頭——好大嘅口氣”

【釋】 吃了蒜頭，口裡便有強烈的大蒜味。“大口氣”一語雙關，諷刺人説話的口氣囂張。

神台貓屎——神憎鬼厭

【註】神台：供奉神明的桌子。

【釋】貓屎極臭，拉在神台上，神鬼都憎惡透了。那些犯眾憎的人便可以叫做"神台貓屎"。

風吹芫荽——垂（衰）到貼地

【註】衰：倒霉。貼地：（1）緊貼地面；（2）形容已極。

【釋】芫荽是一種枝莖柔軟的香菜，經風一吹，枝葉更是垂到貼緊地面。"垂到貼地"諧音"衰到貼地"，形容倒霉透頂。

屎坑三姑——易請難送

【釋】屎坑三姑是民間傳說中的廁神，農村婦女常在夜晚祈請廁神三姑出來占卜凶吉，據說這位三姑易請難送。人們因此以"屎坑三姑"謔稱易請難送的惡客。

屎坑石頭——又臭又硬

【釋】指那些既沒本領又耍臭脾氣的人。

屎坑關刀——聞（文）唔得，舞（武）唔得

【釋】掉到屎坑裡的關刀，聞又聞不得，舞（耍弄）又舞不得。"聞、舞"諧音"文、武"。人們以"屎坑關刀"謔稱那些不文不武、沒有一點本領的人。

屎忽生瘡——冇眼睇

【註】屎忽：屁股。冇眼睇：（1）不願意去看；（2）不願意理睬。

【釋】屁股上生瘡，不願意去看（也看不到）。"冇眼睇"一語雙關，表示不願意理睬某人或某事。

茶瓜送飯——好人有限

【註】茶瓜：醬瓜。好人有限：人好不到哪裡去。

【釋】病人戒口，通常只允許用醬瓜送飯。反過來説，用醬瓜送飯的，必定不是好人（健康的人）。“好人”一語雙關。這句歇後語的意思是：人好不到哪裡去，（此人大半是壞人）。

師姑褲腳——綁死一世

【註】師姑：尼姑。綁死：牢牢綁住。

【釋】尼姑穿褲，例必綁腿，所以說“綁死一世”。這句話通常用來罵老婆，説她像是“師姑褲腳”，把丈夫牢牢管制一輩子。

師姑褲腳——綁死一世

除褲屙屁——多此一舉

【註】除：脱下。屙屁：放屁。

【釋】脱下褲子來放屁，表示多此一舉。

焓熟狗頭——噬起棚牙

【註】焓熟：煮熟。噬起棚牙：露出兩排牙齒。

【釋】煮熟了的狗頭，那兩排牙齒便露了出來。人們以“焓熟狗頭”形容人笑得造作，笑得不雅。

倒掛臘鴨——滿嘴油

【釋】倒掛的臘鴨，油全都流淌到鴨嘴上來，所以說“滿嘴油”，人們以“倒掛臘鴨”譃稱油嘴滑舌的人。

倒掛臘鴨——滿嘴油

倒亂磚頭——冇個啱

【註】冇個啱：沒有一個合適的。

【釋】砌疊磚頭的時候，如果不小心碰倒一塊磚頭，其他磚頭便會像倒骨牌似的倒下去，全部都打崩打爛，沒有一塊能用的了。“倒亂磚頭”比喻全是次品，沒有一件合用，也比喻沒有一個合用的人。

剝皮田雞——死都唔閉眼

【註】田雞：青蛙。

【釋】青蛙剝了皮，眼睛還是瞪得大大的。形容內心有冤氣，死了都不瞑目。

航空母艦——食水深

【註】食水深：（1）噸位重的船隻吃水深；（2）賺人家的錢賺得太過厲害。

【釋】航空母艦因為體積大，噸位重，所以吃水深。“食水深”一語雙關，暗指賺人家的錢賺得太過厲害。人們以“航空母艦”謔稱刮錢很厲害的人。

蚊針牛角——唔入疊

【註】針：叮。唔入疊：（1）叮不進牛角重疊的硬塊；（2）言不及義。

【釋】蚊叮牛角，叮不進牛角重疊的硬塊。“唔入疊”一語雙關，揶揄人言不及義，說些不三不四的話。

紙紮下爬——口輕輕

【註】下爬：下頷。口輕輕：形容輕諾。

【釋】用紙紮成的下頷，嘴巴輕得很。“口輕輕”一語雙關，形容人隨口應承，卻從不兑現諾言。亦形容人信口開河。

瓷器棺材——唔漏汁

【註】汁：指屍汁。

【釋】死人裝在瓷器棺材裡，屍汁一點都漏不出來了。形容吝嗇鬼，點滴不漏。

高佬跌跤——叉（差）得遠

【註】高佬：高個子的人。叉：跌。

【釋】高個子的人摔跤，跌得老遠。“叉得遠”諧音“差得遠”，形容兩者之間相差很遠。

豉油撈飯——整色整水

【註】撈飯：拌飯。整色整水：（1）弄得有色又有水；（2）裝模作樣。

【釋】用醬油拌飯，可以把飯弄得有色又有水。“整色整水”一語雙關，諷刺人裝模作樣，裝腔作勢。

啞仔斷奶——有苦難言

亦作“啞仔斷奶——有苦自己知”

【釋】小孩子一般都很難斷奶，幾夜哭叫不停，可是啞吧斷奶時，卻哭叫不出來。比喻心中有苦，卻不敢說出來。相當於國語的“啞吧吃黃蓮——有苦說不出”。

深水石斑——好魚（瘀）

【註】好瘀：非常尷尬。

【釋】石斑魚以生在深水裡的為佳。“好魚”諧音“好瘀”，形容非常難為情、尷尬。

梁山好漢——不打不相識

【釋】《水滸傳》書裡描寫的梁山好漢，都是交過手之後才互相結識的，所以人們以這句歇後語指經過誤會、衝突之後才結交的友情。

密底算盤——冇罅漏

【註】冇罅：沒有縫隙。

【釋】釘上了底的算盤一點兒縫隙也沒有了。“冇罅漏”一語雙關，形容人吝嗇，點滴不漏。

崩牙老舉——會彈唔會唱

【註】崩牙：門牙脫落。老舉：妓女的俗稱。彈：（1）彈奏；（2）批評，指責。

【釋】舊時的妓女，不但以姿色悅人，而且以彈唱娛賓。崩牙的妓女只能彈，不能唱。“彈”一語雙關，形容只會批評人家，而自已卻不懂得去做。

棚尾拉箱——暗中走人

【註】棚尾：舊時戲班下鄉演戲，要搭戲棚，棚尾指後台。箱：這裡指放戲服的衣箱。暗中走人：偷偷溜走了。

【釋】前台還在唱戲，後台卻偷偷把戲箱運走，準備悄悄溜走。相當於國語的“腳底抹油——開溜”。

煮壞漿糊——黐黐地

【註】黐黐地：（1）黏性不太夠；（2）有點兒瘋瘋癲癲的樣子。

【釋】煮壞了的漿糊，黐性不太夠。“黐黐地”一語雙關，暗指神經有點兒不正常。人們以“煮壞漿糊”謔稱有點兒瘋瘋癲癲的人。

黃生醫眼——有凸

【註】黃生：即黃綠醫生，庸醫。有凸：（1）有東西凸出來；（2）尚有餘數。也形容花錢過度，超過限額。

【釋】庸醫替人醫眼，眼醫好了，卻無法回復原狀，而是凸了出來。“有凸”一語雙關，形容花錢過度，超過限額。

黑白天鵝——日哦夜哦

【註】哦：（1）天鵝的叫聲；（2）絮絮不休。

【釋】香港人戲稱在耳旁咿哦不休的老婆為“白天鵝”，如果是夜晚絮聒的，則稱之為“黑天鵝”。“黑白天鵝”並稱，則是形容日夜不停地在丈夫耳邊絮聒不休。

順風屎艇——臭氣遠播

【註】屎艇：運載糞便的船。

【釋】運載糞便的船在海上順風行駛，臭氣傳得很遠。比喻臭名遠揚。

無橫枒腸——直腸直肚

【釋】沒有橫著生的腸，盡是直腸直肚。“直腸直肚”一語雙關，形容口直心快，全無城府。

跛手太監——無拳（權）無勢

【註】勢：（1）勢力；（2）男人生殖器。

【釋】跛手的太監，既沒有拳頭，也沒有勢（生殖器）。“無拳無勢”諧音“無權無勢”，指沒有權勢。

棺材老鼠——專食死人

【釋】謔稱專發死人財的人為“棺材老鼠”。

彭祖屎壺——老癪（積）

【註】癪：尿裡白色的沉澱物。老積：形容少年老成的樣子。

【釋】傳說彭祖是帝堯時代的人，活到八百多歲，所以謔稱他尿壺裡有老癪。“老癪”諧音“老積”，形容少年人一副老氣橫秋的樣子。

單料銅煲——易熟

【註】單料銅煲：外皮單薄的銅鍋。

【釋】外皮單薄的銅鍋傳熱快，煮東西容易熟。人們以“單料銅煲”謔稱易與人混熟的人。

貼錯門神——面左左

【註】面左左：把臉孔扭向一邊，表示不友善。

【釋】貼在大門兩邊的門神，本來是應該臉孔相向的。如果貼錯了門神，那麼兩個門神的臉孔便各向一邊。常用以比喻夫妻反目，互不理睬。

陰陽合曆——你過你嘅年，我過我嘅年

【釋】陰陽合曆，你過你的陰曆年，我過我的陽曆年。比喻各行其是，互不干涉。相當於國語的“你走你的陽關道，我走我的獨木橋”。

落地蟹殼——富能窮不能

【釋】蟹殼掉在地上，有錢人（穿著鞋子）走得過去，窮人（打赤腳）便走不過去了。表示有錢人辦得到，窮人辦不到。

筲箕冚鬼——一窩神

【註】冚：蓋住。

【釋】用筲箕蓋鬼，蓋住了一竇鬼。“一竇神”是“一竇鬼”的尊稱。“一竇神”比喻壞人成堆。

筲箕打水——一場空

【釋】表示一場空歡喜。相當於國語的“竹籃打水——一場空”。

鼎湖上素——好齋

【註】鼎湖：在廣東省肇慶七星岩風景區。

【釋】鼎湖內有一座古寺，叫慶雲寺，寺內有上好的齋素供應遊客。好齋絕少油腥，暗示油水很少。

賊過興兵——為時已晚

【釋】盜匪過後才興兵圍剿，形容為時已經太晚，於事無補。

煲冇米粥——水汪汪

【註】煲：熬（粥）。水汪汪：（1）大水浩渺；（2）形容虛無，不真實。

【釋】熬粥而不下米，只見滿鍋水汪汪。諷刺人專説一些沒影兒的事。

肇慶荷包——陀衰人

【註】陀衰人：令人蒙受其害。

【釋】廣東肇慶盛產水草，用水草織的荷包也是當地的土特產。人們帶著那種水草織的荷包，常因荷包爛了而掉了金錢。比喻令人受到牽累或蒙受損失。

十五畫

賣鹹酸菜——俾面

【註】俾面：（1）先給面上的；（2）賞臉。

【釋】醃鹹酸菜時，是把菜一層層從下往上疊在菜埕裡的，賣鹹菜時則一層層從上往下拿，否則便會亂纏成一團。"俾面"一語雙關，指賞臉，給面子。

賣鯇魚尾——搭嘴

同"鯇魚尾——搭嘴"。

潮州音樂——自己顧自己

【釋】"自己顧自己"很可能是描摹潮州音樂中主要樂器嗩吶的聲音。形容各顧各的，互不關心。

廚房階磚——鹹濕

【註】鹹濕：好色。

【釋】廚房裡的階磚又鹹又濕。"鹹濕"一語雙關，指好色。人們由此以"廚房階磚"謔稱好色之徒。

幡竿燈籠——照遠不照近

【釋】懸掛招魂幡的竹竿很高，竿上的燈籠是給遠處的遊魂作引路用的。"照遠不照近"一語雙關，責備人只關照外人而不關照自己人。

豬乸賣仔——零舍好瞓

【註】豬乸：母豬。零舍好瞓：睡得特別好。

【釋】母豬賣了小豬，沒了小豬在夜晚吵著吃奶，母豬自然睡得特別好。人們以“豬乸賣仔”形容睡得特別香甜。

豬欄報數——又一隻

【釋】 又死了一個人。

駝鳥鑽沙——顧頭唔顧尾

【釋】 據説駝鳥遇到敵人追逐時，便把頭鑽進沙堆，任憑身體和尾巴暴露在外面。人們以“駝鳥鑽沙”諷刺人做事忙亂，顧得了這一面，便顧不了另一面。

駝鳥鑽沙——顧頭唔顧尾

十六畫

燈芯敲鐘——冇音

【註】 冇音：（1）沒有聲音；（2）形容無聲氣。

【釋】 拿燈芯去敲鐘，當然敲不出聲音來。“冇音”一語雙關，形容音訊全無。

燈芯敲鐘——冇音

燉嘢咁聲——各顧各

【釋】把食物放在瓷罐裡，再把瓷罐放在鍋裡用水慢煮，這種方法叫做“燉”。燉食物的時候，鍋裡發出的聲音，像是“各顧各，各顧各”。人們由此以“燉嘢咁聲”指各人顧各人，互不相助。

十七畫

濕水棉胎——冇得彈

【註】棉胎：棉被裡的棉絮。冇得彈：（1）沒有辦法彈；（2）沒有甚麼可以批評的。

【釋】棉絮濕了水，便無法彈鬆它。“冇得彈”一語雙關，形容好得很，無可指責的。

濕柴煲飯——暗生煙（怨）

【註】煲飯：煮飯。

【釋】濕柴煮飯，暗暗生煙。“暗生煙”諧音“暗生怨”。人們以“濕柴煲飯”表示私底下已生埋怨。

濕咗個頭——唔剃唔得

同“洗濕個頭——唔剃唔得”。

濕水欖核——兩頭𢯎

【註】𢯎：急速滑動。

【釋】濕了水的欖核滑不留手，一會兒向這頭滑，一會兒向那頭滑。人們因此以“濕水欖核”譴稱行蹤不定、一會兒便走得無影無蹤的人；有時也用以譴稱沒有原則、立場，見風使舵的風派人物。

濕水炮仗——死引

【註】死引：藥引永遠點不著了。

【釋】炮仗濕了水，藥引再也點不著了。人們由此以“濕水炮仗”謔稱永不發火、脾氣極好的人。

十八畫

翻渣茶葉——冇釐味道

【註】翻渣茶葉：泡過了的茶葉。冇釐味道：沒有一點味道。

【釋】形容文學作品或電視、電影枯燥無味。

蟛蟧屎忽——假斯文

【註】蟛蟧：一種大蜘蛛。屎忽：屁股。

【釋】蟛蟧的屁股上有花紋，像是人的面貌。比喻假斯文。

十九畫

關公細佬——翼德（亦得）

【註】細佬：弟弟。翼德：張飛字翼德。亦得：也可以。

【釋】關公的結拜小弟張飛（字翼德）。“翼德”諧音“亦得”，表示基本上贊成。相當於國語的“也行”、“也可以”。

關公細佬——翼德（亦得）

簷邊獅子——瀝到扻（叻到滿）

【註】瀝到扻：形容站在最臨近簷邊。叻到滿：有本事至極。

【釋】簷邊的獅子，安放在最臨近簷的邊緣。“瀝到扻”諧音“叻到滿”，形容人有本事至極。

斷柄鋤頭——冇掛手

【註】冇掛手：（1）沒有手握的把柄；（2）沒把握。

【釋】斷了柄的鋤頭，便沒有了可供把握的地方。“冇掛手”一語雙關，指沒有把握。

二十一畫

竈君上天——有句講句

亦作“竈君上天——有嗰句講嗰句”

【註】有句講句（有嗰句講嗰句）：實話實説。

【釋】民間迷信，竈君每年年底上天向玉皇大帝報告一次主人家的善惡，竈君在報告時實話實説，不敢隨意加油添醋。形容説話實事求是，沒有半點虛假。

竈君老爺——黑口黑面

【註】黑口黑面：黑著塊臉；板著臉。

【釋】竈君老爺由於整天受廚房的油煙燻染，所以口面都變黑了。“黑口黑面”一語雙關，形容黑著塊臉，一副兇巴巴的樣子。

攝起枕頭——慢慢諗

【註】攝：墊高。諗：想，考慮。

【釋】把枕頭墊高，叫人仔細考慮考慮。

黐身膏藥——撇唔甩

【註】黐身：貼在身上。撇唔甩：撇不掉。

【釋】貼身膏藥，很難撇脫。謔稱緊貼在身邊、甩不開的人。

鹽倉土地——鹹濕公

【註】土地：即土地神，俗稱土地公。鹹濕：（1）又鹹又濕；（2）好色。

【釋】供奉在鹽倉的土地神，由於受鹽的侵襲，變得又鹹又濕，所以叫他"鹹濕公"。"鹹濕"一語雙關，指好色。人們以"鹽倉土地"謔稱好色之徒。

五字

一畫

一三五七九——無雙（傷）

【釋】"無雙"諧音"無傷"（粵語中"雙""傷"同音），指不礙事。

二畫

二四六八單——冇得變

【註】冇得變：沒得改變。

【釋】二四六八單是以天九牌作"鬥牛"賭博的術語。玩成這樣的牌局已沒得改變。比喻事情已成定局，不能改變。

二花臉抹淚——離行離列

同"大花臉抹淚——離行離列"。

二叔公割禾——望下概

【註】二叔公：鄉下對老人家的泛稱。下概：下面一截。望：（1）看著；（2）指望。

【釋】鄉下老人家割稻，總希望把禾稈儘量割到貼根的地方，免得留在地面上白白浪費，所以說"望下概"。"望下概"一語雙關，指寄望於下一回。

二叔公插田——聽秧（殃）

【註】二叔公：鄉下對老人家的泛稱。聽：等候。

【釋】二叔公插秧，沒有力氣去挑秧，只有坐在田頭等人挑秧來。"聽秧"諧音"聽殃"，意即等候災殃。例如一個朋友做了犯法的事，你就可以對他說："我睇你真是二叔公插田！"意思是：快有禍殃來臨。

二叔婆失雞——響二叔公度

【註】二叔婆：鄉下對老大娘的泛稱。二叔公：當舖的諱稱。響……度：在……那裡。

【釋】二叔婆丟了雞，原來是悄悄地拿到當舖借錢去了。人們因以"二叔婆失雞"暗指家中某物已進了當舖。

二叔婆養豬——夠晒好心機

【註】二叔婆：鄉下人對老大娘的泛稱。夠晒好心機：下足了功夫。

【釋】過去農村貧困，養豬是一項重要的副業，所以一般農户養豬都下足了功夫。形容做事認真、盡心。

大花臉抹淚——離行離列

【註】 離行離列：（1）走了樣；（2）離開了規矩。

【釋】 唱大花臉的抹眼淚，只不過比手勢，如果真的抹了，臉上的油彩就糊成一團，全走了樣。“離行離列”一語雙關，形容言行離譜。

大碌藕抬色——亂𢭃

【註】 抬色：廣東民俗，凡迎神賽會，都會抬色巡行。最早的抬色及由兒童扮成古代人物，由兩個婦女用手托抬巡行。𢭃：（1）搖晃；（2）大筆大筆地花錢。

【釋】 據説從前佛山地區有個渾名叫大碌藕的人，抬色時故意亂晃，以此出風頭。“亂𢭃”一語雙關，指亂花錢財。

大姐上花轎——頭一趟

【釋】 指第一次。相當於國語的“大姑娘上轎——頭一遭”。

切菜刀剃頭——牙煙

【註】 牙煙：危險。

【釋】 切菜刀拿來剃頭，危險至極。比喻情勢危險。

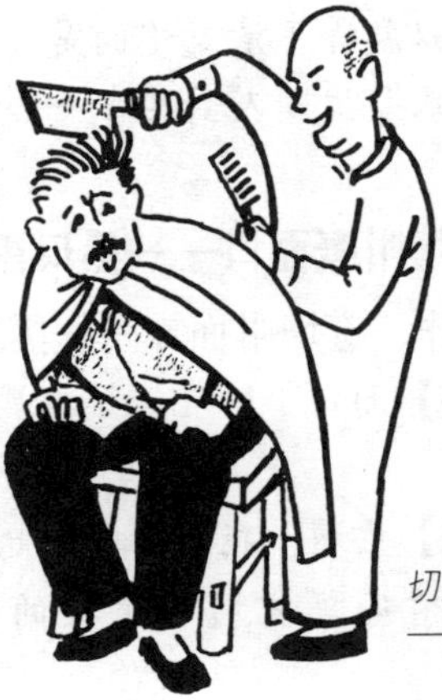

切菜刀剃頭
——牙煙

冇柄士巴拿——得棚牙

【註】士巴拿：扳手。得棚牙：只剩下那排牙。

【釋】扳手沒有柄，那就只剩下扳頭上那排牙。形容人嘴硬，至死都還要強辯。

水浸缸瓦舖——盤滿缽滿

【註】盤滿缽滿：（1）盤、缽都裝滿了水；（2）形容生財有道，入益滔滔。

【釋】大水浸進了賣缸瓦的店舖，缸呀、缽呀全裝滿了水。“盤滿缽滿”一語雙關，形容商家生財有道，入益滔滔。

太公分豬肉——一人一份

【釋】舊時舉行家族性的祭祖活動，禮畢之後都由太公（曾祖父）分燒豬肉，每個男丁一份。表示每人都分得一份。

五畫

半夜食黃瓜——唔知頭定尾

【註】唔知頭定尾：不知道是頭還是尾。

【釋】半夜吃黃瓜，沒有燈火照明，而黃瓜的頭和尾又差不多，所以就弄不清楚吃的是黃瓜頭還是黃瓜尾。人們由此以“半夜吃黃瓜”譏刺人對某事一無所知。

玄壇咁嘅面口——黑口黑面

亦作“玄壇咁面口——黑口黑面”

【註】面口：臉孔。黑口黑面：（1）黑色的臉孔；（2）板著臉。

【釋】玄壇，指趙公明。趙公明名朗字公明，原是張天師的徒弟，負責守護玄壇（道教的齋壇），被封為“正一玄壇趙元帥”，是道教的神祇之一，人們稱他為“趙玄壇”。在《封神演義》裡，雖然趙公明助紂為虐，但姜子牙仍封他為“金龍如意正一龍虎玄壇真君”。也許是他手下的四位神將名叫招寶、納珍、招財、利市的緣故，趙公明便成了民間供奉的財神。趙玄壇的神像造型自元代以來便是黑口黑鬚，手持鋼鞭，雙腿跨虎。人們由此而以“玄壇咁面口”或“玄壇咁嘅面口”形容人黑口黑面。而粵語裡的黑口黑面一語雙關，形容人板著臉，一副不開心的模樣。

生骨大頭菜——種（縱）壞

【釋】大頭菜是蕪青的變種，根球爽脆好吃，可是，也有種植得不好的，根球硬化了，以致吃的時候，好像有骨頭似的。“種壞”諧音“縱壞”，指父母對小孩過分溺愛，以致小孩品性變壞。

白糖炒苦瓜——同甘共苦

【釋】白糖炒苦瓜，苦瓜也有甜味，白糖也染了苦味。人們由此以“白糖炒苦瓜”比喻同甘共苦。

白鱔上沙灘——唔死一身潺

【註】鱔：魚類，棲息於泥水裡，魚身多黏液。潺：魚身上的黏液。

【釋】白鱔被戽上沙灘，沒有了水和濕泥，即使不死，也出了一身的黏液。比喻人即使倖免於死，也已惹來不少麻煩。

氹鬼食豆腐——冇人相信

【註】氹：哄騙。

【釋】哄鬼吃豆腐，這樣荒誕的事沒人相信。人們由此以“氹鬼食豆腐”指人說謊，沒人肯相信。

老鼠拉鯰魚——命搏命

同“蘇鼠拉鯰魚——命搏命”。

老鼠尾生瘡——大極有限

亦作“老鼠尾生瘡——冇幾多膿血”

【註】大極有限：再大也不過如此。

【釋】老鼠的尾巴很細，鼠尾上生的瘡，再大也不過如此（有膿血亦不會很多）。譏笑人妄自尊大，而實際上本事不過爾爾。

光棍佬教仔——便宜莫貪

【註】光棍佬：騙子。仔：兒子。

【釋】騙子是利用人們貪小便宜的弱點才能夠施其技倆。他又擔心自己的兒子因貪小便宜而被別人騙。人們由此以“光棍佬教仔”揶揄人“作法”又恐“自斃”的矛盾心態。

年三十謝竈——好做唔做

【註】好做不做：該做的時候不做（暗指不該做的時候又做）。

【釋】舊時民俗，在十二月二十二、二十三、二十四要謝竈（辭謝竈君，送他上天向天廷報告主人家的善惡）。等到年三十才來謝竈，已經過了時間，責備人在錯誤的時間做了錯誤的事情。

竹樹尾由甲 ——又風流又押

【註】由甲：蟑螂。風流：（1）喜歡拈花折柳；（2）快活。押：（1）臊味；（2）寒傖。

【釋】竹樹尾的蟑螂，風涼又快活，又有一陣陣蟑螂的臊味。

"又風流又押"一語雙關，取笑人又愛拈花折柳，又捨不得花錢。

事頭婆炒蜆——開晒

【註】事頭婆：老闆娘。開晒：（1）指蜆殼開了；（2）賭錢揭盅時，莊家大叫"開晒"。

【釋】老闆娘炒蜆，蜆殼全都開了。"開晒"一語雙關，指揭盅，比喻事情有了結果。

秀才遇老虎——吟詩都吟唔甩

【註】甩：擺脫。

【釋】秀才遇到老虎，拿出自己的看家本領吟詩，都擺脫不了險境。比喻勢難倖免，無可逃避。

冷巷擔竹竿——直出直入

【註】冷巷：小巷子。擔：扛。

【釋】在小巷子裡扛竹竿，無法轉彎，只能直出直入。比喻人心直口快。

伯父個老婆——伯母（百冇）

【註】個：的那個。百冇：一無所有。

【釋】伯父的老婆，即是伯母。"伯母"諧音"百冇"，形容一無所有。

把口搪過釉——油嘴滑舌

【釋】嘴巴搪過釉。諷刺人油嘴滑舌。

阿波較電燈——有著有唔著

【註】 較：調校。著：（電燈）亮。

【釋】 阿波調校電燈，大概是技術差勁，所以有的亮有的不亮。比喻有的行有的不行。

阿崩咬狗蝨——唔死有排驚

【註】 有排：一大陣子時間。

【釋】 崩牙的人咬狗蝨（從前鄉下人摸到蝨子，習慣把牠放在嘴裡咬），狗蝨幸而從他崩牙的缺口處脱險，卻心驚膽戰了好一大陣子時間。比喻雖然僥倖脱險，卻心有餘悸。

阿崩賣大頭——好噏唔噏

【註】 大頭：大頭魚。噏：（1）開口；（2）説話。

【釋】 買魚的人都喜歡買活魚。阿崩賣魚的時候，顧客一來，魚不開口，等到顧客走了，魚才開口。“好噏唔噏”一語雙關，相當於國語的“好説不説”，用於責備人説不吉利的話。

阿駝賣蝦米——大家都唔掂

【註】 唔掂：不行，有麻煩。

【釋】 駝子和蝦米都是彎了背脊的，患了同一樣毛病。比喻大家都有麻煩。

阿蘭嫁阿瑞——累鬥累

【釋】 民間傳説中的花木蘭嫁給西廂記的張君瑞，彼此都覺得累贅。“累”一語雙關，指牽累。比喻你牽累我，我牽累你。

泥水佬造門——過得自己過得人

【註】泥水佬：泥水匠。

【釋】泥水匠做的門，要能過得自己，也過得別人。“過得自己過得人”一語雙關，比喻做事不但要能過得自己這一關，也要過得別人那一關。

盲妹嗌老公——冇眼睇

【註】嗌：叫喚。老公：丈夫。冇眼睇：（1）眼睛看不見；（2）不願理睬。

【釋】眼盲的女子叫喚丈夫，眼睛看不到。“冇眼睇”一語雙關，表示對某人、某事不願意去理睬。

和尚食狗肉——一件又穢，兩件又穢

【釋】和尚吃狗肉，吃一塊是褻瀆神明，吃兩塊也是褻瀆神明。比喻做壞事，做一次不光彩，做兩次也不光彩，那就乾脆再多做一次。

東莞佬猜枚——開（害）晒

【註】東莞佬：東莞人，東莞是廣東省地名。猜枚：喝酒時猜拳。開晒：猜拳時，甲方伸五個指頭，猜對方也出五個指頭，便喝“開晒！”意思是十個指頭全出。害晒：害死人了。

【釋】東莞人猜拳，受其鄉音影響，把“開晒”説成“害晒”。用來表示“害死人了”的意思。

東莞佬賣蓆——你生定死㗎

【註】東莞佬：東莞人，東莞是廣東省地名。定：還是，或者是。㗎：疑問語氣詞。

【釋】東莞蓆比一般蓆短，當顧客嫌蓆短的時候，東莞人就反問顧客：“你生定死㗎”（“你是生人還是死人”）意思是説：

如果你是活人，可以曲著身子睡，就不會嫌蓆短；只有死人一定是僵著身子，才會嫌蓆短。這句話常用來罵人反應遲鈍。

牀下底破柴——包撞板

亦作“牀下底破柴——撞大板”

【註】破柴：劈柴。包撞板：勢必碰釘子。撞大板：比喻碰大釘子。

【釋】在牀底下劈柴，斧頭少不了要撞到牀板的。“撞板”一語雙關，指碰釘子。

牀下底踢毽——兩家都咁高

【釋】踢毽子常比賽誰踢得高。如果在牀底下比賽，肯定是兩人都踢一樣高。比喻彼此半斤八兩，不分高下。

牀板夾春袋——作聲不得（粗話）

【註】春袋：指陰囊。

【釋】牀板夾住陰囊。形容事情尷尬，出不得聲。

兩公婆見鬼——唔係你就係我

【釋】兩公婆見到鬼，那必定是把對方的人影當成鬼。比喻非你即我，二者必居其一。

兩公婆搖擼——你有你事

【註】你有你事：指各有一套。

【釋】搖擼，疑是做愛的諧謔語。整句歇後語表示各做一套，亦引伸指各幹一行。

法蘭西皇帝——費卵事傾

同“拿破侖——費卵事傾”。

抬棺材甩褲——失禮死人

【釋】送殯時，抬棺材的人褲子掉了下來，對死者十分失禮。“失禮死人”一語雙關，形容失禮之至。

周先生講書——總之有景轟

【註】景轟：曖昧事。

【釋】私塾先生周先生講書，凡是講到諸如“孔子見南子”這類涉及兩性的字句，便草草帶過，頑皮的學生追問：“孔子見了南子，到底發生了甚麼事啦”周先生只好含糊其辭回答：“總之有景轟喇！”（總之，箇中是有些曖昧事啦！）表示箇中是有些不可告人的蹺蹊事。

姜太公封神——封剩自己

【釋】《封神榜》說，周武王伐紂時，一切仙佛都來助戰。武王滅紂之後，姜太公一共封了三百六十五位正神，只剩下自己沒有受封。比喻公而忘私，也比喻說話中唯一沒有提到自己。

洗腳唔抹腳——猛擤

【註】猛擤：用力甩水。

【釋】洗腳卻不抹腳，猛用力甩掉腳上的水，飛濺四處。粵人以“水”為財，所以這個歇後語便用以形容人奢侈揮霍，拚命花錢。

風吹大燈籠——岌岌貢

【註】岌岌貢：搖晃不定的樣子。

【釋】大燈籠被風一吹，便搖晃不定，形容搖搖欲墜或岌岌可危的樣子。

風吹雞蛋殼——財散人安樂

【釋】 表示付出了代價，總算得回補償（如病癒、安心或安全）；也表示錢花光了，心也安靜了下來，不會再想找地方去花錢了。

秋蟬跌落地——冇晒聲

亦作“秋蟬跌落地——作聲不得”

【註】 秋蟬：廣東人把蟬叫做秋蟬。冇晒：沒有了。

【釋】 蟬兒一經跌在地上，拾起來，就不再鳴叫了。比喻說話多的人，忽然因為理虧而不敢再說。

砒霜浸辣椒——毒辣

【釋】 砒霜性毒，辣椒味辣，兩樣東西浸在一起，又毒又辣。形容人心腸毒辣。

十畫

砧板上豬肉——任斬

【釋】 擺放在砧板上的豬肉，唯有任人宰割。相當於國語的“人為刀俎，我為魚肉”。

捉蛇入屎忽——自找麻煩

亦作“捉蟲入屎忽——自找麻煩”
同“挑蛇入屎忽”。

鬼拍後腦枕——不打自招

【註】 後腦枕：後腦勺。

【釋】 民間迷信說，如果被鬼打了後腦勺，就會把內心的真話說出來。形容人自己招認了罪狀。

烏蠅摟馬尾——一拍兩散

【註】烏蠅：蒼蠅。摟：叮。

【釋】蒼蠅叮在馬尾上，馬尾一甩，便各散東西了。表示寧肯兩敗俱傷，也不肯讓任何一方獲益。

財到光棍手——有去冇回頭

【註】光棍：騙子。

【釋】錢財到了騙子的手，自然是有去無回。相當於國語的"菜飽打狗——有去無回"。

孭蓑衣救火——自身難保

【註】孭：披著。

【釋】披著蓑衣救火，火還沒救，自身早已先著火。相當於國語的"泥菩薩過江——自身難保。

疍家婆打仔——你飛上灘

亦作"疍家婆打仔——睇你去到邊"

【註】仔：兒子。睇：看。邊：哪裡。

【釋】疍家婦女打兒子，船上沒有多少地方可以走避，所以她們一邊打，還一邊罵："看你能飛上灘！""看你往哪兒跑？"。這句歇後語大多用於警告壞人"你跑不掉的"。

疍家婆打醮——冇壇（彈）

【註】冇彈：無可批評、指責的。

【釋】疍家婆打醮酬神時，小船上沒有空餘的地方可供設置神壇，所以說"冇壇"。"冇壇"諧音"冇彈"，形容好得很，無可指責。

疍家婆紮脚——夾硬嚟

【註】夾硬嚟：強人所難。

【釋】疍家婦女常年在船上勞動，偏是迫她們纏小脚。比喻強人所難。

疍家婆摸蜆——望第二篩（世）

【釋】疍家婦女用篩摸蜆，這一篩摸不到，就指望第二篩。“第二篩”諧音“第二世”，形容今生無望，唯有指望來世了。

疍家雞見水——唔得飲

同“疍家雞——見水唔得飲”。

十一畫

屙尿射竹筒——靠撞

【註】屙尿：拉尿。靠撞：靠碰運氣。

【釋】拉尿要拉到竹筒裡去，是很難辦到的事，所以只能靠碰運氣。表示只靠碰運氣。

陳白沙使牛——請趷

【註】趷：起身走路。

【釋】陳白沙是清代新會的大儒，他小時候一面讀書，一面放牛，對牛呼喚也是一派斯文，例如要趕牛走的時候，便文縐縐地說“請趷”。後來，人們想催促朋友動身，也常說“陳白沙使牛”。

陸榮廷睇相——冇衰攞嚟衰

亦作“陸雲廷睇相——冇衰攞嚟衰”

【註】睇相：看相。冇衰攞嚟衰：自找晦氣。

【釋】陸雲廷應是陸榮廷，二十年代駐守廣東的軍閥，曾化裝成平民去給一位有名的相士看相，結果被相士看穿，還被取笑了一番。比喻自取其辱，自尋晦氣。

啲打佬甩褲——失禮死人

【註】啲打佬：送殯時吹嗩吶的人。

同“抬棺材甩褲——失禮死人”。

啞佬買棺材——死過你睇

【註】啞佬：啞巴。死過你睇：（1）死給你看；（2）窮於應付的感歎語。

【釋】啞巴買棺材，因為講不出是買甚麼的，只好做個死的樣子給店主看。“死過你睇”一語雙關，作為窮於應付的感歎語。

清明插桃葉——假柳

【註】假柳：假的東西。

【釋】粵港民俗，清明節時須於大門口插柳以辟邪。清明節插桃葉，那是以桃葉假冒柳葉，所以說是“假柳”。“假柳”一語雙關，比喻假貨。

問師姑攞梳——實冇

【註】攞：拿。

【釋】尼姑是剃光頭的，所以向她借梳子必定是沒有的。表示必定沒有。

問師姑攞梳——實冇

細路哥剃頭——快咯

【註】 細路哥：小孩子。

小孩子理髮時，常常哭鬧不停，父母只好在一旁哄他："快咯，快咯！"（意思是快理完了。）指事情快要開始或快要結束。

十二畫

黃皮樹了哥——唔熟唔食

亦作"黃皮樹了哥——熟嗰個食嗰個"

【註】 了哥：八哥鳥。唔熟唔食：不熟的（果子）就不吃。熟嗰個食嗰個：哪一個（果子）熟就吃哪一個。

【釋】 黃皮樹的果實像金彈丸，味酸甘，樹上的八哥，專揀熟的果實吃。比喻專門向熟人下手，打他們的主意，佔他們的便宜。

棺材舖拜神——想人死啫嘛

【註】 啫嘛：表示肯定的語氣詞。

【釋】 有人死，棺材舖才有生意做。所以棺材舖拜神，心裡只是祈求有人死。形容人心地不好，希望別人倒霉。

單眼佬睇榜——一眼睇晒

【註】 單眼佬：只有一隻眼的人。睇：看。一眼睇晒：（1）一隻眼睛看完它；（2）一目了然。

【釋】 一隻眼的人看榜，一隻眼便看完它。"一眼睇晒"一語雙關，形容一目了然。

單筷抌豆腐——攪喎晒

【註】 抌：攪拌。攪喎晒：弄壞了。

【釋】用筷子攪拌豆腐，很快便把豆腐弄爛了。比喻搞糟了事情。

無事獻殷勤——非奸即盜

【釋】無端端忽然來獻殷勤。人們常用這句歇後語取笑他人居心叵測。

發夢遊西湖——好景不長

【釋】做夢遊西湖，看了一半景致夢就醒了，所以說“好景不長”。比喻美好的光景不能長久。

補鞋佬扯線——一拉就要到口

【註】補鞋佬：補鞋匠。

【釋】補鞋匠用線補鞋，每縫一針，用力一拉就要到口，讓線沾一沾口水，好縫補些。形容性急的人，一做事便想馬上成功。

十三畫

落雨賣風爐——愈擔愈重

【釋】下雨天賣風爐，風爐吸了雨水，便越來越重。形容擔子越挑越重。

矮仔上樓梯——步步升高

【註】矮仔：矮子。

【釋】比喻職位高升，也比喻欠債愈來愈多。

跪地餵豬乸 ——睇錢份上

【註】豬乸 ：母豬。睇：看。

【釋】其所以要低三下四跪在地上餵母豬，那是看在錢的份上。比喻為了錢，才低三下四侍候人。

隔夜油炸鬼——冇釐火氣

【註】油炸鬼：油條的俗稱。冇釐：沒有一點兒。

【釋】隔夜油條，沒有一點兒火氣。比喻生性溫吞、懦弱。

十四畫

趕狗入窮巷——因住回頭咬一啖

【註】窮巷：死胡同。因住：當心。咬一啖：咬一口。

【釋】把狗趕進死胡同，當心牠會回頭咬你一口。相當於國語的"狗急跳牆"或"逼虎傷人"。

滾水淥豬腸——兩頭縮

【註】淥：用滾水燙物。

【釋】用開水燙豬腸，兩頭都收縮。比喻兩面都蒙受損失。

銅銀買病豬——大家偷歡喜

【註】銅銀：摻了銅的假銀元。偷歡喜：暗暗歡喜。

【釋】一方使用假銀元，另一方賣的是病豬。交易成功了，雙方都以為自己佔了便宜而暗自歡喜。表示雙方都暗自歡喜。

寡母婆死仔——冇得望

亦作"寡母婆死仔——冇晒希望"

【釋】寡婦死了兒子。比喻希望完全破滅，全沒指望。

寡母婆嫁人——自己揸主意

【註】揸主意：拿主意。

【釋】年紀很大的寡婦，上面已無公公婆婆，如要改嫁，即由自己拿主意。表示自己拿主意。

瘌痢頭擔遮——無髮（法）無天

【註】擔遮：打傘。

【釋】相當於國語的"和尚打傘——無髮（法）無天。

十五畫

摩囉差拜神——望天

【註】摩囉差：香港人對印度僑民的俗稱。

【釋】印度人拜神的時候，雙眼只向著天看。"望天"一語雙關，比喻一切唯有靠老天爺保佑，或比喻一切依天時、天氣而定。

賣魚佬洗身——冇釐腥（聲）氣

【註】賣魚佬：賣魚的小販。冇釐：沒有一點。

【釋】賣魚的小販洗過澡，身上一點魚腥味也沒有了。"冇釐腥氣"諧音"冇釐聲氣"，表示無聲無息，沒有下文。

豬八戒照鏡——好醜自己知

【釋】比喻自己最知道自己的長處、短處。

豬八戒照鏡——好醜自己知

墳場發電機——電死人

【釋】 放在墳場的發電機，專門電死人的。“電死人”一語雙關，形容女性的魅力極大，其發出的電力足以電死人。

十六畫

閻羅王吊頸——你唔死我死

【釋】 閻羅王吊頸，你自己不會死，我卻被你嚇死了。表示對你無所謂，我卻受不了啦！

閻羅王做戲——鬼睇

【註】 做戲：唱戲。睇：看。

【釋】 閻羅王唱戲，只有鬼看。“鬼睇”一語雙關，表示無人肯看。

閻羅王探病——問你死未

【註】 死未：死了沒有。

【釋】 閻羅王探病，第一句話就是問“你死了沒有”。“問你死未”一語雙關，相當於國語的“真要命”。

閻羅王嫁女——鬼要

【釋】 閻羅王嫁女兒，鬼才肯要。“鬼要”一語雙關，表示無人肯要。

閻羅王揸攤——鬼買

【註】 揸攤：擺攤檔。

【釋】 閻羅王擺攤檔，鬼才會來買貨。“鬼買”一語雙關，表示無人肯買。

龍舟裝屎塔——又臭又長

【註】屎塔：糞桶。

【釋】龍舟上載糞桶，又臭又長。比喻人寫文章或演講又臭又長，相當於國語的“懶婆娘的裹腳布——又臭又長”。

十七畫

濕水狗上岸——猛擤

【註】擤：甩動。

【釋】濕水狗上岸，猛力晃動身體，弄得水花四濺。比喻奢侈揮霍，亂花錢財。

濕柴煲老鴨——夠晒煙韌

【註】煲：煮。夠晒：非常，十分。煙韌：男女間打情罵俏，風情之至。

【釋】用濕柴去燉老鴨，滿屋都是“煙”，老鴨又“韌”得啃不動。“煙韌”一語雙關，形容男女間打情罵俏，風情之至，甚至不避旁人在場。

十八畫

雞食放光蟲——心知肚明

【註】放光蟲：螢火蟲。

【釋】雞吃了螢火蟲，肚子裡大放光明。比喻心裡清楚明白，相當於國語的“心照不宣”。

雞食放光蟲——心知肚明

十九畫以上

鰱魚骨炒飯——唔食餓死，食又哽死

【釋】鰱魚多骨，用牠炒飯，不吃吧，會餓死；吃吧又會被魚骨哽死。相當於國語的“吃也死，不吃也死”。

蘇鼠拉鯰魚——命搏命

【註】蘇鼠：一種體型很小的老鼠。

【釋】南方沿海，有一種愛吃老鼠的鯰魚，夜間游到淺灘上呆在岸邊，老鼠出來覓食，以為是死魚，便衝上去咬住魚尾，鯰魚把尾一甩，一下子把老鼠抖入水中，可是老鼠也不服輸，拚命掙扎，想把鯰魚拖上岸去，勝負之數，決於一瞬。比喻豁出去了，不是你死，就是我亡。

六字

二畫

二叔婆扰心口——心中有數

【註】二叔婆：鄉下人對老大娘的泛稱。扰：捶。

【釋】二叔婆捶胸口，心中有數。相當於國語的“啞巴吃湯丸——心中有數”。

八十歲番頭嫁——搵路行

【註】番頭嫁：夫死後再嫁。搵路：找路。

【釋】八十歲的老太婆還要再嫁，總是因為家境困難才不得不另找一條活路。比喻迫於環境而另找出路；有時亦以“八十歲番頭嫁”比喻沒事找事，自尋苦惱。

三夾板上雕花——刻薄

【釋】三夾板是一種極薄的木板，在它上面雕花，實在是“刻薄”——刻在薄板上。“刻薄”一語雙關，形容待人或說話冷酷無情，或過分苛求。

三夾板上雕花——刻薄

冇鼻佬戴眼鏡——你緊佢唔緊

【註】冇鼻佬——塌鼻子的人。

【釋】塌鼻子的人戴眼鏡，你想夾緊它，它偏是夾不緊。“你緊佢唔緊”一語雙關，表示你替人家著急，人家偏是不著急。

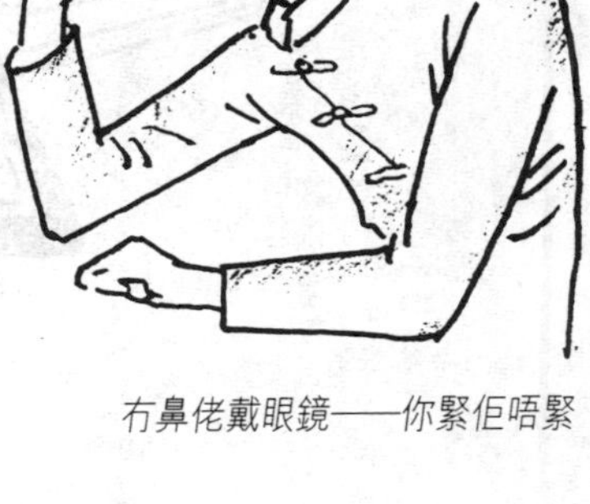

冇鼻佬戴眼鏡——你緊佢唔緊

五畫

石地堂鐵掃把——硬碰硬

【註】 石地堂：鋪石板的曬穀場。

【釋】 用鐵掃把來打掃鋪石板的曬穀場，鐵掃把是硬的，石板地也是硬的，所以說“硬碰硬”。比喻以強硬的手段對付強硬的手段，有時也用以比喻貨真價實，絕無虛假。

玄壇咁嘅面口——黑口黑面

同“玄壇咁面口——黑口黑面”。

六畫

老鼠跌落天秤——自己秤（稱）自己

【釋】 老鼠跌在天秤上，像是要秤一下自己有多重似的。“自己秤自己”諧音“自己稱自己”。人們由此以“老鼠跌落天秤”嘲笑人自己誇讚自己。

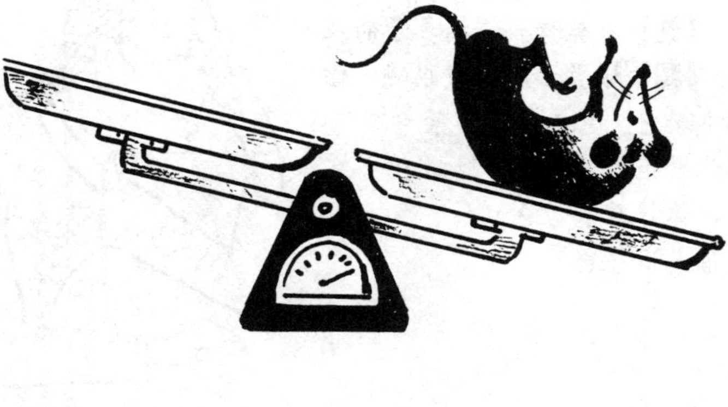

老鼠跌落天秤——自己秤（稱）自己

向飛髮佬拜師——從頭學起

【註】飛髮佬：理髮師傅。

【釋】向理髮師傅拜師，學的自然是頭上功夫，所以說從“頭”學起。“從頭學起”一語雙關，形容從最基本的東西學起。

八畫

牀底上放紙鳶——高極有限

【註】高極有限：高不到哪兒去。

【釋】牀底下放風箏，高不到哪兒去。取笑人水平高不到哪兒去。

盲佬過光雅里——冇眼睇你個契弟（粗話）

【註】冇眼睇：（1）看不見；（2）不願意理睬。契弟：男妓的俗稱。

【釋】光雅里是廣州早年的一個街區，男妓出入之地。盲人走過光雅里，看不見你的男妓。“冇眼睇”一語雙關，表示不願意去理睬你那些骯髒事。

泥水匠嘅瓦刀——搽（圖）表面

【釋】泥水匠的瓦刀，用了搽抹牆壁的表面。“搽表面”諧音“圖表面”。人們由此以“泥水匠嘅瓦刀”譏刺人只做表面功夫。

九畫

食咗成擔蒜頭——好大嘅口氣

同“食咗蒜頭——大口氣”。

食砒霜毒老虎——大家一齊死

【釋】 人吃砒霜，當餌去毒死老虎，虎死人也死。比喻大家一起完蛋，相當於國語的“同歸於盡”。

食豬血屙黑屎——當面見功

【註】 屙：拉（大便）。見功：見效。

【釋】 吃了豬血，拉出來的大便一定是黑的。形容功效立見。

缸瓦船打老虎——盡地呢一煲

【註】 盡地呢一煲：一直打到最後這一隻沙鍋為止。

【釋】 載缸瓦的船途經山邊遇著老虎，因為沒有武器，只好把船上裝載著的缸、瓦、沙鍋之類的東西拿出來攻擊老虎，一直打到最後一隻沙鍋為止。比喻孤注一擲。

扁鼻佬戴眼鏡——冇得頂

【註】 扁鼻佬：扁鼻的人。冇得頂：（1）沒有地方可以頂住；（2）好極了，頂呱呱。

【釋】 扁鼻的人戴眼鏡，沒有鼻樑可以頂住眼鏡腳。“冇得頂”一語雙關，形容好得很，頂呱呱。

風吹皇帝褲襠——孤卵寒（粗話）

【註】 孤：皇帝自稱。卵：男子生殖器。孤寒：吝嗇。

【釋】 風吹皇帝的褲襠，皇帝說：“孤的那話兒感到寒冷。”“孤卵寒”一語雙關，罵人吝嗇之至。

屎坑公賣草紙——問心

【註】 屎坑公：稱管理廁所的老頭兒。問心：憑良心。

【釋】舊時管理廁所的老頭兒賣草紙，只是在草紙旁邊放一個收款箱，取草紙的人給不給錢、給多給少可以隨意。“問心”一語雙關，表示做事要憑良心。

十一畫

陳顯南賣告白——得把口

【註】陳顯南：舊時一個賣廣告的人。告白：廣告。得把口：只是靠那張嘴。

【釋】陳顯南賣廣告，只靠那張嘴。諷刺人不幹實事，只靠那張嘴說得漂亮。相當於國語的“狗掀門簾——全仗那張嘴”。

做咗日本首相——佐藤佑藤（左騰右騰）

【註】佐藤：八十年代日本的一位首相的名。左騰右騰：慌裡慌張地到處亂跑。

【釋】佐藤在八十年代做了日本的首相。人們借用它的音“左騰”，與“右騰”搭配成一個成語，形容人慌裡慌張地跑這裡，跑那裡。

細路哥玩賓周——越玩越細（粗話）

【註】細路哥：小孩子。賓周：男性生殖器的諱稱。賓周似是斑鳩的諧音；斑鳩者，鳥也。

【釋】小孩子玩弄自己的“小弟弟”，越玩越細（相對於成人來說）。賭徒下賭注，注碼越來越小，便被人取笑是“細路哥玩賓周”。

十二畫

單眼佬睇女婿——一眼睇晒

亦作“單眼佬睇老婆——一眼睇晒”

【註】單眼佬：瞎了一隻眼的人。一眼睇晒：（1）用一隻眼看東西；（2）一目了然。

【釋】瞎了一隻眼的人看女婿（或是老婆）只用單眼。“一眼睇晒”一語雙關，形容一目了然。

單眼佬睇世界——隻眼開，隻眼閉

【註】隻眼開，隻眼閉：（1）一隻眼開，一隻眼閉；（2）對違法的事假裝看不見。

【釋】瞎了一隻眼的人看世界，一隻眼開著，一隻眼閉著。“隻眼開，隻眼閉”一語雙關，表示對某些違法的事假裝看不見。

喃嘸佬俾鬼迷——鈴鈴都掉埋

【註】喃嘸佬：道士。俾：被。鈴鈴：道士作法時用的法鈴。掉埋：丟掉了。

【釋】道士本來應該是捉鬼的能手，誰知卻被鬼迷，連作法用的法鈴都丟掉了。形容人狼狽至極。

十四畫

寡母婆上當舖——人又冇，錢又冇

【釋】寡婦上當舖，既沒了丈夫，如今又沒錢。相當於國語的“人財兩空”。

壽星公娶二奶——有心冇力

【釋】壽星公娶小老婆，有心無力（指性能力）。表示對某事有心無力。

鐵拐李打足球——一腳踢

【註】 鐵拐李：即是李鐵拐，民間傳說中的八仙之一。一腳踢：（1）用一隻腳踢球；（2）事無大小，都由一個人負責做完。

【釋】 李鐵拐跛了一隻腳，只能靠沒跛的那一隻腳踢球。“一腳踢”一語雙關，指事無大小，都由一個人包乾做完。

七字

二畫

十一人食一分煙——冇釐癮

【註】 冇釐：（1）沒有一釐；（2）沒有一點。

【釋】 十一個人合抽一分（十釐）鴉片，每人抽不到一釐，也即過不到一釐鴉片的癮。形容沒癮，沒趣味。

三畫

三水佬睇走馬燈——陸續有嚟

【註】 三水佬：對鄉下人的泛稱。三水是廣東省舊時的一個小鄉鎮。

【釋】 鄉下人第一次見到走馬燈，對於走馬燈不斷轉動、走了又來的人物感到十分新奇。形容人或事物不斷湧現。

四畫

木蝨捐入花生殼——硬充好仁（人）

【註】木蝨：臭蟲。捐：鑽。

【釋】臭蟲鑽進花生殼，想冒充好的花生仁。“硬充好仁”諧音“硬充好人”。指壞人硬要冒充好人。

五畫

外江佬舞死馬騮——有家歸不得

亦作“江西佬舞死馬騮——唔還得鄉”

【註】外江佬：外省人。舞：耍弄，玩。馬騮：猴子。

【釋】從前常有一些外省人（以江西人居多）在廣州、佛山等地街頭耍猴戲，藉以乞取生活費用。一旦把猴子耍死了，無以賣藝，他們就連回家的路費也籌不到了。形容被迫流落異鄉。

石地堂對鐵掃把——硬碰硬

同“石地堂鐵掃把——硬碰硬”。

六畫

老虎頭上釘蝨乸——自尋死路

【註】釘：用兩手的拇指甲用力夾。蝨乸：蝨子。

【釋】在老虎頭上用拇指甲夾蝨子。比喻自尋死路。

九畫

指住棺材喊捉賊——冤枉死人

【釋】"冤枉死人"一語雙關，字面上指冤枉死人偷東西，暗裡卻是形容冤枉至極。

十二畫

買定棺材掘定氹——聽死

【註】氹：坑。聽死：等死。

【釋】買好了棺材，挖好了坑，如今只剩下"等死"了。這話一般在打鬥之前，用來威脅對方的。相當於國語的"棺材自備"。

十三畫

隔夜素馨釐戥稱——雖係唔香，念吓舊情

【註】釐戥秤：用釐戥秤，比喻珍貴。

【釋】情人送來的素馨花隔了夜，但仍十分珍貴它——雖然它已不香，可是懷念一下舊情都好。

八字

二畫

二畫

十匹布做一牀被裡——好大嘅面子

【釋】十匹布做一牀被裡，它的被面一定是很大的了。"好大嘅面子"一語雙關，比喻人的面子大。

十五個銅錢分兩份——七又唔係，八又唔係

【釋】把十五個銅錢分成兩份，七又不是，八又不是。形容心神不定，三心兩意。相當於國語的“心裡有十五個吊桶——七上八下”。

十五個銅錢分兩份——七又唔係，八又唔係

十五畫

墨魚肝膽雞泡心腸——黑夾毒

【註】雞泡：即河豚，內臟有毒。夾：兼且。

【釋】墨魚膽色黑，河豚內臟有毒，兩樣東西合在一起，又黑又毒。形容人心腸又黑又毒。

十九畫

鬍鬚佬遇到白斬雞——拉上補下（粗話）

【註】白斬雞：沒有陰毛的女子。

【釋】甲有餘，乙不足。常用“鬍鬚佬遇到白斬雞”，表示正好可以拉上補下，彌補不足。

九字

八畫

畀人剝咗褲仲周街走——自己出自己醜

【註】 剝褲：脫掉褲子。周街：滿街。

【釋】 被人脫光褲子，還滿街跑，譏諷人自己出自己醜，自討沒趣。

附錄

活躍在港人口語中的英語借用詞

——莊苓

一、已譯為本族文字的

以下的英語借用詞，大部分在七十年代或七十年代之前便已流行，我們也許可以稱之為“第一代常用英語借用詞”。它有兩個特點：

1、這些借用詞大部分是名詞，其中有許多是外國特有的事物，在粵語方言裡找不到對應的詞去稱呼它們，於是直接把它們從英語音譯過來。

2、這些借用詞都以本族文字書寫，也以粵語詞的讀音習慣來發音，比如bus的音譯巴士，它讀成兩個音節，而不像英語bus的s只是輕讀。

凡是全民語言已有收錄的（如咖啡、冰淇淋、肥皂劇等），這裡不重複收錄。

二畫

卜(book)

【註】預訂。

“卜位”

【釋】預先訂位。

T恤(Tee shirt)

【註】針織化纖有領汗衫。

力行雞（力行：leghorn）

【註】來亨雞。

三畫

三文治（sandwich）

【註】三明治（夾肉麵飽）。

山埃（potassium cyanide 第二個詞的音譯）

【註】氰化鉀，泛稱毒藥。

“票房山埃”

【釋】指不受歡迎的明星，他們主演的影片沒人肯看。

“山埃貼士”

【釋】有害的參考意見。

乞戟（hot cake）

【釋】一種西式點心。

干邑拔蘭地（Cognac Brandy）

【註】法國Cognac地方出產的著名葡萄酒。

士擔（stamp）

【註】郵票。

士的（stick）

【註】手杖。

士叻（slick）

【註】蟲膠。

士巴拿（spanner）

【註】扳手。

士鉢恤（sports shirt）

【註】運動衣。

士多（store）

【註】小雜貨店。

“士多房”

【釋】貯物室。

士撻膾（士撻：starter的省稱）

【註】啟輝器；起動器。

士多啤梨（strawberry）
【註】草莓。

四畫

仄紙（仄是cheque的音譯）
【註】支票。

巴仙（percent）
【註】百分之一，百分點。

巴黎帽（巴黎：barret）
【註】無邊的扁平帽，用毛線織成。

巴士（bus）
【註】（1）公共汽車。
【例】21號巴士；巴士站。
【註】（2）長途客車。
【例】豪華旅遊巴士。
【註】（3）亦簡稱巴。
【例】校巴、小巴、旅遊巴。

冇得揮（揮：fight）
【註】沒得打；鬥不過。

五畫

布甸（布丁）（pudding）
【註】由牛奶、蛋、水果等做成的西餐點心。

布冧（plum）
【註】西洋李子。

卡（car）
【註】車，車廂。
【例】車卡，貨卡。

卡拉（colour）
【註】彩色（照片）。

卡通（cartoon）
【註】動畫片。

卡士（cast）
【註】演員表。
“大卡士”
【釋】許多大明星參與演出。

占（jam）
【註】果醬。

奶昔（milk譯意加上shake譯音）
【註】牛奶加冰淇淋混合飲料。

安士（ounce）
【註】盎斯（十六分之一磅）。

仙（cent）
【註】銅子兒；銅圓。

仙屎（cents）
【註】銅子兒，銅圓。

六畫

多士（toast）

【註】烤麵飽片。

灰士（fuse）

【註】保險絲。

朱古力（chocolate）

【註】巧克力。

曲奇（cookie）

【註】小甜餅。

孖展（merchant）

【註】商人。

孖展（margin）

【註】（1）賺頭（原價與賣價之差）。
（2）外匯買賣。

"炒孖展"

【釋】炒外匯差價。

式（shake）

【註】搖擺舞。

色士風（saxophone）

【註】一種銅管樂器。

肉參（ransom）

【註】被綁票的人。

伊士（yeast）

【註】酵母。

七畫

芝士（cheese）

【註】奶酪。

車厘子（車厘：cherry）

【註】櫻桃。

阿蛇（蛇是sir的音譯）

【註】（1）對警察的敬稱。
（2）學生對男教師的敬稱。
（3）下屬對上司的敬稱。

吧（bar）

【註】酒吧。

"吧女"

【釋】在酒吧陪客飲酒的女郎。

否（fault）

【註】淘汰出局。

忌廉（cream）

【註】奶油。

冷（法語laine）

【註】毛線。

"冷衫"

【釋】毛線衫。

免治（mince）

【註】切碎。

"免治牛肉"

【釋】牛肉末。

甫士（pose）

【註】姿勢。

"擺甫士"

【釋】擺姿勢（照相）。

甫士咭（post card）
【註】明信片。

沙展（sergeant）
【註】警官。

沙紙（沙：certificate第一個音節的音譯）
【註】證書。

沙律（salad）
【註】有蔬菜肉類的冷盤。

呔（tie）
【註】領帶：領呔。

快勞（file）
【註】（1）文件夾。
（2）文件。

批（pie）
【註】有餡西餅：蘋果批。

八畫

花令紙（花令：warrant）
【註】（1）逮捕證。
（2）傳票。

花臣（fashion）
【註】（1）花樣。
【例】乜你咁多花臣（你怎麼有這麼多花樣呀）？
（2）時髦。

【例】真夠花臣（真夠時髦）！

花士令（vaseline）

【註】凡士林。

的士（taxi）

【註】出租汽車；計程車。

的士高（disco）

【註】唱片夜總會或有小型樂隊伴奏的夜總會。

肥佬（fail）

【註】考試失敗；不及格。

果占（占：jam）

【註】果醬。

咖喱啡（carefree）

【註】臨時演員。

咕喱（coolie）

【註】苦力，搬運工人。

咕臣（cushion）

【註】坐墊；靠墊。

拉士（last）

【註】最後。

拉臣（license第一、二音節的音譯）

【註】執照；牌照。

拍簿（拍pad）

【註】活頁簡便記事本。

拍體（part）

【註】部分。

“呢一拍”

【釋】這一個部分。

披莎（pizza）

【註】意大利薄餅。

披頭四（Beatles）

【註】硬殼蟲樂隊（六十年代興起於英國，後來在美國等地風靡一時）。

拖肥糖（拖肥：toffee）

【註】太妃糖。

夜冷（yelling）

【註】叫賣。

杯葛（boycott）

【註】聯合抵制。

泊（park）

【註】停放汽車：泊車。

【例】泊車位（停放一輛汽車的地面）。

波（ball）

【註】（1）供運動和比賽的球類的統稱。

（2）天文台風球。

【例】三號波（最高為十號風球）。

（3）（俗）乳房。

【例】波霸（對娛樂圈中乳房最大的女星的戲稱）。

（4）汽車的檔。

【例】二波；換波。

“波板”

【釋】乒乓球拍。

“波砵”（ball boot）

【釋】運動鞋（詼諧的説法）。

“波經”

【釋】報紙體育版談論球賽的文章。

“波鞋”

【釋】運動鞋。

“波樓”

【釋】彈子房；桌球室。

“波牛”

【釋】運動員。

“波恤”（ball shirt）

【釋】運動衣。

“波台”

【釋】球台。

“屎波”

【釋】（1）球藝低。
（2）泛指水平低。

“乒乓波”

【釋】乒乓球。

“賀歲波”

【釋】安排在春節期間舉行的球賽。

波士（boss）

【註】總經理；大老闆。

泡打粉（powder）

【註】發粉。

九畫

茄士咩（cashmere）

【註】山羊毛製成的毛線或織品。

派對（party）

【註】舞會；聚會。

“生日派對”

【釋】生日聚會。

“聖誕派對”

【釋】聖誕聚會。

派司（pass）

【註】（1）通過考試；及格。

（2）通行證。

派拿（partner）

【註】（1）雙人舞中的舞伴。

（2）小組工作時的夥伴。

派士砵（passport）

【註】護照。

恤（shoot）

【註】投（籃球）。

恤髮（恤：set）

【註】理髮時把頭髮整成波浪形。

恤衫（恤：shirt）

【註】襯衫。

威化餅（威化：wafer）

【註】泛稱鬆脆餅乾。

威士（waste）
【註】廢棉紗頭。

威吔（wire）
【註】鋼絲。
“吊威吔”
【釋】演員吊著鋼絲拍攝一些驚險或飛天的鏡頭。

飛（fare）
【註】票。
“撲飛”
【釋】設法購票。

飛士（face）
【註】面子。
【例】冇晒飛士（丟盡面子）。

泵（pump）
【註】（1）抽水機。
（2）打氣筒。
（3）抽（水）：泵水。
（4）打（氣）：泵氣。
【釋】普通話也有“泵”字，但只能當名詞用。

咭（card）
【註】卡片。
【例】名咭；賀咭；餅咭；信用咭。

咭（guard）
【註】球隊的後衛。
“打咭”
【釋】充當後衛。

咭（kid）

【註】年輕。

科文（foreman）

【註】領班；管工。

科厘（qualification 第一、二意節的譯音）

【註】學歷、資格。

"騷科厘"

【釋】炫耀資歷；亦指女子展示美好的身材。

骨（quarter第一個音節的音譯）

【近義詞】（1）四分之一。

（2）一刻鐘。

【例】五點一個骨（五點一刻）。

厘士（lace）

【註】花邊；飾邊；通花布。

咪（microphone第一個音節的音譯）

【註】擴音器；麥克風。

"揸咪"

【釋】拿著擴音器。

"爆咪"

【釋】聲音太大或太尖，以致擴音器都要被震裂。

咪（mile）

【註】英里。

"咪表"

【釋】的士的計程收費器。

咪仙（streptomycin最後兩個音節的意譯）

【註】鏈黴素。

迷你（mini）

【註】小小的；袖珍型的。

“迷你月餅”

【釋】小型月餅。

“迷你戲院”

【釋】小型戲院。

柯打（order）

【註】訂貨，訂單。

“落柯打”

【釋】下訂單。

柯佬（oral）

【註】口試。

十畫

茶煲（trouble）

【註】麻煩（諧謔的說法）。

冧巴（number; No.）

【註】號碼；編號；門牌。

“冧巴溫”（number one ; No.1）

【釋】（1）第一號。

（2）服務行業的領班。

“冧巴仔”

【釋】刑期短的犯人。

“大冧巴”

【釋】刑期長的犯人。

冧酒（冧：rum）
【註】一種洋酒的名。

爹地（daddy）
【註】爸爸。

班房〔class（班）room（房）的意譯〕。
【註】教室，課室。

班㦸（ pan cake ）
【註】一種以麵粉做成的西式點心。

晒士（size）
【註】大小；尺寸。

桑拿浴（桑拿：sauna）
【註】蒸氣浴。

時嘜（smart）
【註】時髦；漂亮。

針波（jump ball）
【註】跳球（籃球比賽裁判術語）。

十一畫

蛋撻（撻：tart ）
【註】一種西式點心。

砵酒（“砵”是port的音譯）
【註】葡萄牙產的葡萄酒。

基（gay）
【註】同性戀。

"基佬"

【釋】同性戀者。

"搞基"

【釋】搞同性戀。

密司（miss）

【註】小姐。

密司特（mister）

【註】先生。

啤（pair）

【註】一對（情侶）。

"啤牌"

【釋】撲克牌。

蛇果（delicious最後一個音節的音譯）

【註】美國產的又大又紅的蘋果。

梳乎厘（souffle）

【註】蛋奶酥。

梳打（soda）

【註】蘇打。

梳化（sofa）

【註】沙發。

梳乎（soft）

【註】舒適；柔軟。

軚（tire）

【註】車輪。

"爆軚"

【釋】輪胎爆裂。

啫喱（jelly）
【註】果子凍。

啫褸（jacket）
【註】夾克上衣。

十二畫

菲林（film）
【註】攝影膠卷。
“謀殺菲林”
【釋】用了許多膠卷。

喼汁（“喼”是 ketchup 或 catchup 、catsup 第一個音節的音譯）
【註】含蕃茄、醬油的調味品。

結他（guitar）
【註】吉他（一種弦樂器）。

啤梨（啤：pear）
【註】洋梨。

啤令（bearing）
【註】滾珠軸承。

啤啤（baby）
【註】嬰兒。
【釋】（1）現在書面上更多寫為BB。
（2）亦可說為啤啤仔或簡稱啤。

貼士（tips）

【釋】（1）預測性結果。
（2）內幕消息。
（3）小賬；小費。

“俾貼士”

【釋】（1）提供信息、暗示。
（2）付小賬。

十三畫

遏力（break）

【註】煞車掣。

𨋢（lift）

【註】升降機。

“搭𨋢”

【釋】乘坐升降機。

“韞𨋢”

【釋】升降機發生故障時被困在升降機內。

媽咪（mammy）

【註】媽媽。

媽打（mother）

【註】母親。

畸士（case）

【註】書面亦寫成“K士”。案件；個案；事件。

新地（sundae）

【註】在頂部加壓碎水果、果汁等的冰淇淋。

蒲飛（buffet）

【註】自助餐。

煙士（Ace）
【註】撲克牌的"A"牌。

煙子（inch）
【註】英寸。

燕梳（insure）
【註】保險。

十四畫

粥（joke）
【註】笑話。
"鹹粥"
【釋】雙關語，有關性的笑話。

嘉年華（carnival）
【註】（1）狂歡節。
（2）泛稱歡慶活動。

嘜（mark）
【註】商標；牌號。
"豬嘜"
【釋】蠢豬。

嘜（mug）
【註】（1）空罐頭盒。
（2）量詞。
【例】鐵嘜（鐵罐）。

十五畫

熱狗〔hot（熱）dog（狗）的意譯〕

【註】一種夾著香腸的麵飽。

啹(cake)

【註】蛋糕。

摩打(motor)

【註】電動機。

摩晞(mohair)

【註】安哥拉山羊毛布料。

撻(tart)

【註】一種餡露在外面的西式點心。

十六畫

錦(game)

【註】(1)球賽的一局。

(2)輸。

【例】佢錦咗(他輸了)。

積(jack)

【註】撲克牌的"J"牌。

十八畫

檳(bun)

【註】甜麵飽 。

騷(show)

【註】(1)表現。

(2)演出。

"騷科厘"

【釋】炫耀一下資歷，亦指女子展示美好身材。

“大騷”

【釋】大型演出。

“做騷”

【釋】（1）演出。

（2）像演戲那樣地做宣傳。

“口水騷”

【釋】專靠“説”來表演的節目。

二、直接以英語入詞

以下的英語借用詞，大部分是近十年間才流行起來的，我們也許可以稱之為“第二代常用英語借用詞”，它有兩個特點：

1、不單只是名詞，也有許多動詞和形容詞，有許多在粵語中已有詞語可供表達，但是仍然引進英語詞。

2、這一代英語借用詞已等不及譯成本族文字，而是直接引進英語詞。就連原先已經譯成本族文字的音譯詞，如今又寫回它原先的英語詞。例如把“飛士”又寫成 face，把“畸士”又寫成 case。

A

AA制

【註】各人各行付款。

【例】今日飲茶，唔好屈王先生請，AA制喇。（今天“飲茶”，不要逼著王先生請，各人自行付款啦！）

auntie

【註】稱呼與父母同輩的婦女。

【例】“阿薇，快行過來向auntie拜個年！”（“阿薇，快過來向阿姨（姑、嬸）拜個年！”）

B

B(Brain)

【註】腦筋。

“低B”

【譯】低能、弱智。

【例】佢係唔係低B㗎，連咁簡單嘅嘢都唔識？（他是不是弱智呀，連這麼簡單的東西都不懂？）

BBQ

書面寫為 BBQ，口語讀為 Barbecue。

【註】野外燒烤。

【例】聽日一齊去大潭涌 BBQ，好唔好？（明天一塊兒去大潭涌燒烤好不好？）

ball

【註】舞會。

【例】今晚去唔去ball＊？（今晚去不去參加舞會？）

"ball room"

【釋】舞廳。

【例】佢拉住我行入 ball room。（他拉著我走進舞廳。）

"ball 王"

【釋】在一場舞會中被選出的跳舞跳得最好的人。男士稱為 ball 王。

" ball 后"

【釋】在一場舞會中被選出的跳舞跳得最好的人。女士稱為 ball 后。

band

【註】小型樂隊。

"夾 band"

【釋】組織小型樂隊。

【例】佢哋夾 band，冇幾耐便散咗喇。（他們組織了小型樂隊，沒多久就散夥了。）

"散 band"

【釋】（1）解散小型樂隊。

（2）散隊。

【例】我哋一齊行到尖東至散 band，好唔好？（我們一起走到尖東才散隊，好不好？）

banker

亦譯作“賓架”。

【註】銀行職員；銀行家。

beat

【註】巡邏。

“行 beat”

【釋】（警察）巡邏。

【例】陳仔，今晚你同大傻行 beat。（小陳，今晚你跟大傻一起巡邏。）

book

【註】預訂。

【例】佢係茶樓 book 咗張枱。（他在茶樓預訂了一張枱。）

boy

【註】公司的初級文員。

【例】我個仔係佢間公司做咗十幾年，仲係個 boy。（我的兒子在他那家公司做了十幾年，還是初級文員一名。）

boy friend

【註】男朋友。

【例】介紹一下，呢個係我嘅boy friend。（介紹一下，這是我的男朋友。）

buffet

【註】自助餐。

【例】佢好似食 buffet 咁，樣樣都要。（他好像在吃自助餐似的，每一樣食品都要。）

buy

【註】（1）買。

（2）接受。

【例】我唔 buy 節目主持嘅觀點。（我不接受節目主持人的觀點。)

bye

【註】再見。

【例】佢連講聲 bye 都冇，就唔見咗人影。(他連講一聲再見都沒有，便不見了人影。)

C

call

【註】無線電傳呼。

"call 台"

【釋】無線電傳呼台。

" call 機"

【釋】無線電傳呼機。

"急 call "

【釋】(通過無線電傳呼台) 緊急傳呼。

【例】李先生家有急事，打電話去 call 台急 call ，唔知係唔係閂咗部 call 機， call 咗成日都 call 唔到。(李先生家有急事，打電話去無線電傳呼台緊急傳呼，不知道是不是他關了傳呼機的掣，傳呼了一天都叫不到他。)

"morning call "

【釋】旅社在清早按房客交代的時間以電話叫醒房客。

calm down

【註】冷靜。

【例】Calm down ！小事嚟啫嘛！(冷靜下來！只不過是小事罷了！)

camp

【註】宿營營會。

【例】我約咗幾個同學在聖誕假期一齊去 camp 。(我約好了幾個同學在聖誕假期一起去宿營。）

cancel

【註】取消，刪除。

【例】（1）我尋日係你度卜咗個機位，而家要求cancel得唔得？（我昨天在你這兒預訂了一個機位，現在要求取消行不行？）

（2）董事長決定cancel下晝要開嘅會。（董事長決定取消下午要開的會。）

cancer

【註】癌。

【例】凡事睇通啲，就唔會生cancer。（凡事看開一點，就不會患癌症。）

case

【註】案件，事件。

【例】呢單case由邊區的警署負責嚟？（這個案件由哪一區的警署負責呀？）

cash

【註】現金。

【例】呢間公司唔收信用咭，cash至有交易。（這家公司不收信用卡，現金才做得成買賣。）

care

【註】介意。

"唔care"

【釋】不介意。

【例】我唔care。（我不介意。）

C.D.

【註】Compact Disk的簡稱。鐳射唱片。

【例】 啯間書局地庫有C.D.碟賣。（那家書店地庫有鐳射唱片賣。）

charge

【註】 控告（以某罪名）；責備。

【例】 呢次我要charge佢不正當運用股東信用證。（這次我要控告他不正當運用股東信用證。）

check

【註】 檢查，檢驗，核對。

【例】（1）唔該幫我 check check 呢份稿有冇錯漏字。（麻煩你幫我核對一下這份稿有沒有錯字漏字。）

（2）佢媽咪成日去樓下公園 check 下自己個女有冇係度同男仔拍拖。（她母親時常到樓下查看一下自己的女兒是不是在那裡跟男孩子談戀愛。）

" check 零件"

【釋】（謔）檢查身體。

cheap

【註】 便宜、低賤。

【例】（1）你唔好以為呢對鞋係 cheap 嘢，二千零蚊㗎！（你不要以為這雙鞋子是便宜貨，兩千多塊錢哪！）

（2）啯個女仔好靚，但係聽講好 cheap！（那個女孩子很漂亮，但聽說好低賤！）

"cheap bom bom "

【釋】 同 cheap。

"cheap cheap 地"

【釋】 同 cheap 。

CID

【註】 Criminal Investigation Department 的簡稱。便衣警察。

【例】 "咪郁，我哋係ＣＩＤ！"（不要動，我們是便衣警察！）

class

【註】級別。

【例】對唔住，我唔係呢個 class 嘅人。（對不起，我（的社會地位）不是屬於這一個級別的人。）

classic

【註】古典；高貴。

【例】喺領呔嘅眾多牌子中，呢隻牌子係最 classic 。（在領帶的眾多牌子之中，這種牌子是最高貴的。）

close

【註】關閉，結束。

【例】你而家先至想追討賠償？呢件事已 close 咗好耐喇！（你到現在才想追討賠償金？這件事已結束很久了！）

club

【註】夜總會。（在學校中指課外活動的組織——學會。）

【例】佢堅持請我落 club 玩。（他堅持請我到夜總會玩。）

comment

【註】意見。

【例】大家有乜 comment 即管提出。（大家有甚麼意見儘管提出。）

"no comment"

【釋】無可奉告。

common sense

【釋】常識。

【例】我個妹唔睇報紙，所以佢嘅common sense 好差。（我的妹妹不看報紙，所以她的常識很差。）

complain

【註】投訴。

【例】你再係咁，我就去班主任度 complain 你！（你再這樣，我就去班主任那裡投訴你！）

compu

【註】Computer 的省稱。電腦。

【例】你架 Compu 幾時買嘅吖？（你的電腦什麼時候買的？）

concert

【註】音樂會。

【例】你今晚得唔得閒同我去睇場 concert ？（你今晚有沒有空和我去觀賞一場音樂會？）

cool

【註】冷漠；高傲。

【例】我越 cool，佢就越熱情。（我越冷漠，他就越熱情。）

"扮 cool"

【釋】裝作冷漠。

【例】而家時興扮 cool，靚仔、靚妹都以為扮 cool 至有型。（現在時興扮冷漠，小青年男女都以為扮冷漠才有迷人的風度。）

copy

【註】複印；複製。

【例】呢隻碟你 copy 咗未？（這隻電腦磁碟你複製了嗎？）

course

【註】課程。

【例】呢個 course 係專門俾初學電腦嘅人進修㗎。（這個課程是專門給初學電腦的人進修的。）

crazy

【註】瘋狂。

【例】嗰啲歌迷成晚嗌到喉嚨沙晒，直情係 crazy。（那些歌迷整晚喊得喉嚨都沙啞了，簡直是瘋狂了。）

cream

【註】藥膏，潤膚霜。

【例】聽講呢隻 cream 對治暗瘡好有效。（聽說這種藥膏對治療暗瘡很有效。）

C.U.

【註】Chinese University 的簡稱。中文大學。

【例】呢間中學每年都有過半的畢業生入C.U.。（這所中學每年都有超過一半的畢業生進讀中文大學。）

cut

【註】剪斷；刪剪；裁減人員。

【例】（1）電影放喺電視度播，一啲過分色情嘅鏡頭必定會俾 cut 咗嘅。（電影放在電視上放映，一些過分色情的鏡頭必定會給刪剪掉的。）

（2）你唔好cut 我條電話線吖！（你不要掛斷我的電話線呀！）

D

Daddy

【註】爸爸。

dead line

【註】最後期限。

【例】交呢份報告嘅 dead line 係聽日。（呈交這份報告的最後期限是明天。）

delay

【註】延誤。

【例】呢間航空公司嘅飛機成日delay。（這家航空公司的飛機經常延誤。）

design

【註】設計。

【例】佢個 design 咁老土，唔知點解會得冠軍。（他的設計這麼老套，不知道為麼甚會得冠軍。）

Discman

【註】鐳射耳筒唱機。

【例】喺情人節佢 girl friend 送架 discman 俾佢。（在情人節，他的女朋友送了一架鐳射耳筒唱機給他。）

Disco

【註】的士高。

discount

【註】折扣。

【例】呢條裙咁貴，有冇 discount 㗎？（這條裙子這麼貴，有沒有折扣呀？）

DJ

【註】Disk Jockey 的簡稱。唱片騎師。

【例】佢大佬喺商台做D J，好有名㗎！（他的大哥在"商業電台"做唱片騎師，很有名氣的！）

do

【註】做。

【例】"呢件事你 do 唔 do"？"Do，點解唔 do？"（"這件事你做不做？""做，為甚麼不做？"）

"識 do"

【釋】識趣，識相。

【例】做人最緊要要識 do。（做人最重要的是要識相。）

"do嘢"

【釋】做愛。

【例】呢部戲啲 do 嘢場面全部打真軍。（這部戲的做愛場面全部來真的。）

double

【註】重覆。

【例】你睇，呢行字 double 咗。（你看，這行字重覆了。）

down

【註】情緒低落。

【例】佢聽完個電話，down 咗成日。（他聽完那個電話，情緒低落了一整天。）

E

easy

【註】容易。

"easy job"

【釋】容易做的工作。

【例】呢件事 easy job 喇，難唔到我嘅！（這件事是很容易做的，難不倒我的！）

encore

【註】再唱一次；再來一個。

【例】呢個歌手唱得咁難聽，竟然有人嗌 encore。（這個歌手唱得這麼難聽，竟然有人叫："再來一個！"）

enjoy

【註】（1）喜歡。

（2）享受。

【例】（1）我好 enjoy 大自然嘅景色。（我很喜歡大自然的景色。）

（2）佢哋成班人喺度假村好 enjoy。（他們一大班人在度假村很享受。）

E.T.

【註】外星人。

【例】他個樣子好古怪，唔怪得個個都叫佢做E.T.！（他的樣子很古怪，難怪人人都叫他外星人！）

excuse me

【註】勞駕。

【例】Excuse me，唔該借歪。（勞駕讓一讓路。）

F

face

【註】面子。

【例】喺咁多人面前，佢對我呼呼喝喝，真係唔俾 face 我。（在這麼多人面前，他對我呼呼喝喝，真是不給我 面子。）

facial

【註】面膜；面部美容。

【例】你幾耐去做一次 facial 吖？（你多久去做一次面部美容呀？）

fans

【註】歌迷。

【例】講 fans，我起碼多過學友仔。（論歌迷，我起碼比張學友的多。）

fashion

【註】花樣。

【例】你又喺度搞？啲乜嘢fashion吖？（你又在這兒搞些甚麼花樣呀？）

FAX(Facsimile)

【註】（1）傳真機。

（2）傳真。

【例】（1）你哋嘅FAX冧巴係乜嘢？（你們的傳真機號碼是甚麼呀？）

（2）如果有乜嘢改動，請你 FAX 俾我。（如果有甚麼改動，請你用傳真機傳真給我。）

feel

【註】感覺。

“啱feel”

【釋】合心意。

【例】你講啲嘢好啱 feel ！（你說的話正合我的心意！）

feeling

【註】感覺；感情。

【例】我對呢間學校好有 feeling 。（我對這所學校很有感情。）

fifteen-sixteen

【註】十五十六（從粵語俗語“十五十六”諧謔地直譯成英語，即漢語中的“七上八下”）

【例】我個心而家仲係 fifteen-sixteen 。（我的心直到現在還七上八下。）

fight

【註】打。

【例】佢一早就俾佢個商場勁敵 fight 低咗。（他一早就被商場勁敵打垮了。）

"有得 fight"

【釋】鬥得過。

"冇得 fight"

【釋】鬥不過。

file

【註】文件。

【例】佢攞晒啲 file 走。（他把那些文件都拿走了。）

fit

【註】（1）健康。

（2）合適。

【例】（1）呢個大隻佬，好 fit，好 smart ，好 nice ！（這個大個兒很健壯，穿得很時髦，又是個很好的人！）

（2）你著呢套衫，零舍 fit 啲 ！（你穿這套衣服，特別顯得合身！）

form

【註】（1）（中學）年級。

（2）表格。

【釋】書面上寫 Form 1, Form 2, ...Form 5；但其中 1 ，2 ，……5 都按英文讀。

【例】（1）佢個女仲讀緊 Form two。（他的女兒還在讀中學二年級。）

（2）你要申請公屋，填妥呢份 form 先。（你要申請公屋，先填好這份表格。）

friend

【註】（1）朋友。

（2）有交情。

【例】（1）事後直頭唔想同啲 friend 講番，費事俾佢哋笑餐懵。（事後簡直不想和朋友說起，免得被他們取笑一頓。）

（2）佢同我好 friend ，我完全信任他。（他同我很有交情，我完全信任他。）

friendly

【註】 友善。

【例】 當地嘅娛樂圈對香港過到嗰度嘅影星、歌星唔係咁 friendly 。（當地的娛樂圈對由香港去到那邊的影星、歌星並不那麼友善。）

fun

【註】 有趣。

【例】 呢齣戲都夠 fun 啦！（這部影片可有趣呢！）

G

game over

【註】 玩完；弄糟。

【例】 咁搞法好容易 game over 。（這樣搞很容易把事情搞糟。）

gas

【註】 原指石油，借指力氣。

"嘥gas"

【釋】 費力氣。

【例】 你咁樣做淨嘥 gas 啫。（你這樣做只是白費力氣。）

girl friend

【註】 女朋友。

【例】 佢個 girl friend 喺美國。（他的女朋友在美國。）

god

【註】老天，上帝。

【例】God ，咁大劑吖！（我的天，這麼嚴重呀！）

H

happy

【註】快活，開心。

【例】今晚成班人去 Disco 齊齊 happy 吓！（今天晚上大家都去的士高一起快活快活吧！）

"唔 happy "

【註】不開心。

【例】點解咁嘅口面？唔 happy 吖？（為甚麼臉色不好？不開心嗎？）

hard sell

【釋】硬銷（很生硬地推銷）。

【例】佢成日 hard sell 佢公司啲化妝品。（她整天替她公司的化妝品做硬銷。）

head

【註】頭頭。

【例】佢就係我哋部門嘅阿 head 。（他就是我們部門的頭頭。）

hello

【註】哈囉。

Hi-Fi

【註】high fidelity (有高度原音效果的) 簡稱。音響組合。

【例】大佬喺年終飲宴中抽獎抽到嘅一部 Hi-Fi ，值一二千蚊。（大哥在年終飲宴中抽獎抽到的一部音響組合，值一兩千元。）

high

【註】（1）高級。

（2）興奮。

【例】（1）呢間酒店嘅裝修好 high 吖！（這間酒店的裝修很高級呀！）

（2）老總話俾我知，我主演嘅呢部電影收得，我真係 high 到暈，我覺得自己開始紅喇！（老總告訴我，我主演的這部電影很賣座，我真的興奮得忘乎所以，覺得自己開始紅了。）

high class

【註】高級，名貴。

【例】呢間喋仔時裝店賣啲嘢好 high class 㗎！（這家日本時裝店賣的東西很高級的。）

high-tech

【註】high-technology 的簡說。高科技。

【例】我對啲high-tech 嘅嘢一竅不通。（我對那些高科技的東西一竅不通。）

hit

【註】熱門，搶手。heat 才是正寫，但報刊上都已寫成 hit 了。

【例】呢隻直腳五袋款係七十年代牛仔褲最 hit 嘅款式。（這種直腳五袋的款式是七十年代牛仔褲最流行的款式。）

hold

【註】（1）保持。

（2）拿著。

【例】（1）你 hold 住條線先。（你先佔著這條電話線。意即不要掛線。）

（2）佢 hold 住部打字機唔用，又唔肯借俾人。（他佔著那架打字機不用，又不肯借給別人用。）

H.K.U.

【註】University of Hong Kong 的簡稱。香港大學。

【釋】書面寫 H.K.U. ，口語則讀作 Hong Kong U。

【例】你啲仔女真係叻嘞，個個都考得入 H.K.U.。（你的子女真的很聰明，個個都考得上香港大學。）

I

I.C.A.C

【註】Independent Commission Against Corruption 的簡稱。廉政公署。

【例】聽講嗰個官員涉嫌收受賄款，被 I.C.A.C. 拉咗咯。（聽說那個官員涉嫌收取賄款，被廉政公署抓去了。）

I.D.

【註】Identity Card 的簡稱。身份證。

【例】佢仲未有 I.D. 咭。（他還沒有身份證。）

I.D.D.

【註】International Direct Distance 的簡稱。直撥長途電話。

【例】打個 I.D.D. ，乜都可以話佢知。（打個直撥長途電話，甚麼都可以告訴他。）

idea

【註】意念，想法。

【例】（1）你個 idea 唔錯，一於跟你去做。（你這個想法不錯，堅決跟你去做。）

（2）陳仔，唔好坐響度發牛豆，有冇乜新嘅 idea 吖？（小陳，不要坐在那裡發呆，有沒有甚麼新的意念呀！）

in

【註】in fashion 的簡説。入潮流，有時代感。

【例】佢係而家最 in 嘅歌星。（他是當今最入潮流的歌星。）

inch

【註】香港俗語“寸”諧謔地譯成英語。

“好 inch”

【釋】好寸，即是言行非常囂張。

【例】呢個女歌星好 inch，好乞人憎㗎！（這個女歌星言行很囂張，挺惹人討厭的！）

interview

【註】面試。亦可簡說為 in。

【例】嗰間公司通知我去 interview。（那家公司通知我去面試。）

I.Q.

【註】intelligence quotient 的簡稱。智商。

“IQ 零蛋”

【釋】蠢到頂。

【例】你真係 IQ 零蛋，連咁簡單嘅問題都唔識答。（你真的蠢到頂，連這麼簡單的問題都不懂得回答。）

“IQ 爆棚”

【釋】形容極端聰明。

【例】唔好睇佢年紀咁細，但係 IQ 爆棚。（不要看他年紀小小，但是聰明絕頂。）

“IQ 博士”

【釋】日本漫畫卡通人物。

I see

【註】我明白。

【例】你唔駛再講嘞，I see，I see。（你不用再說喇，我明白，我明白。）

J

joke

【釋】（或譯“粥”）笑話。

“鹹 joke”

【釋】有關性的笑話。

K

keep

【註】（1）盯住。

（2）保存；控制。

【例】（1）佢 keep 得個 boy friend 好緊。（她對男朋友盯得很緊。）

（2）你暫時幫我 keep 住呢份資料。（你暫時替我保存這份資料。）

keep fit

【註】保持身材健美。

【例】佢打算去參加選美，所以近排加緊 keep fit 。（她打算去參加選美，所以近來加緊運動健身，以保持身材健美。

key

【註】音調。

【例】你呢首歌唱得唔好， key 太高喇。（你這首歌唱得不好，調起得太高了。）

“啱 key ”

【釋】情意相投。

【例】三個同學當中，莊志忠同我最啱key 。（三個同學之中，莊志忠跟我最是情意相投。）

L

label

【註】（1）標籤。

（2）標記。

【例】（1）你攞張 label 紙黏住，費事唔記得。（你拿張標籤紙黏上，免得忘記。）

（2）佢喺學校已經俾先生 label 咗係壞學生。（他在學校裡已經被老師標記為壞學生。）

likey（like 的俗寫）

【註】喜歡。

"唔 likey"

【釋】不喜歡。

【例】如果喺呢處打工唔 likey，轉去第度搵份工喇！（如果在這裡做得不愉快，就到另一處找份工作吧！）

lift

【註】升降機。

【例】呢幢唐樓冇 lift 搭，好唔方便。（這座唐樓沒有升降機可以乘搭，很不方便。）

line

【註】電話線。

"玩 line"

【釋】時下年青人熱門玩意之一，即透過電話與不相識的人聊天，由於素未謀面，説話可以不負責任，所以可以説得很放肆。有的年青人憑著"玩 line"亂搞男女關係。

logo

【註】logotype 的簡稱，公司標誌、圖案。

【例】呢間公司嘅 logo 設計得唔多好。（這間公司的標誌設計得不太好。）

look

【註】（1）看。

（2）外表。

【例】（1）呢部書稿你 look-look 先，然後將意見話俾我知。（這部書稿你先看一看，然後把意見告訴我。）

（2）靚靚黑色迷你裙襯高筒黑絲襪，瀑布長髮上加一點 highlight，再挽個小碎花布袋。嘩！殺死人嘅少女 look！（漂亮的黑色迷你裙配襯高筒的黑絲襪，瀑布一般的長髮上面加一點亮彩，再挽一隻小碎花的布袋。呀，迷死人的少女裝束！）

lucky

【註】幸運。

【例】佢成世都係咁 lucky 。（他一生都是這麼幸運。）

" lucky number "

【釋】幸運號碼。

【例】"九"係我嘅 lucky number 。（"九"是我的幸運號碼。）

lunch

【註】午餐。

【例】聽日我哋一齊食 lunch ，好唔好吖？（明天我們一起吃午餐，好嗎？）

M

madam

【註】女警察。

【例】個 madam 好惡，響差館入邊係有名嘅。（那個女警察很兇，在警署裡是有名的。）

mammy

【註】媽媽。

man

【釋】有男人味的，有陽剛氣的。

【例】一個粵劇老倌舊年當選為最 man 嘅男人，真係諗唔到。（一個粵劇老倌去年當選為最有男人味的男人，真的想不到呀！）

memo

【註】memorandum 的簡稱，備忘錄（公司內部通傳）。

mind

【註】介意。

【例】佢鍾意講就由得佢講囉，我唔 mind 嘅。（他喜歡説就讓他説吧，我不會介意的。）

money

【註】錢。

mood

【註】情緒，心情。

"冇晒 mood"

【釋】亦作"冇 mood"，完全沒有心情。

【例】佢今朝啱啱俾經理鬧過，而家冇晒mood做嘢。（他今天早上剛被經理責罵過，現在完全沒有心情做事。）

N

n

【註】數學符號，表示"無數"。

"n 次"

【釋】無數次。

【例】呢句説話你講過n次嘞！（這句話你説過無數次了！）

"n 年前"

【釋】許多年前。

【例】佢件衫係 n 年前買嘅，仲唔捨得抌。（她那件衣服是很多年前買的，還捨不得扔掉。）

no eye see

【註】從粵語俗語"冇目睇"諧謔地直譯成英文。相當於國語的"不願意理睬"。

【例】睇佢依家咁唔生性，我真嘅no eye see。（看他現在這麼不長進，我真的不願意去理睬他。）

nice

【註】友善。

【例】你唔好睇佢平時咁嚴肅，其實佢好 nice 嘅。（你不要看他平時這麼嚴肅，其實他很友善的。）

no money no talk

【註】冇錢冇交易。

【例】一句講晒，" no money no talk "。（一句話，"沒錢沒交易"。）

O

office

【註】辦公室。

【例】陳經理嘅太座為咗啲家事嘈到去 office 。（陳經理的太太為了一些家事鬧上了辦公室。）

officer

【註】主任。

【例】佢喺公司度係 officer 嚟㗎。（他在公司裡是當主任的。）

O.K.(okay)

【註】行，可以。

【例】我想同你做個朋友，O.K.？（我想跟你做個朋友，行嗎？）

open

【註】開放。

【例】你咪成世咁古老，open 啲好唔好？（你的思想不要老是這麼古老，開放一點好嗎？）

order

【註】定貨，定單。

"落 order"

【釋】下訂。

【例】你要買呢一款電腦，就要盡快落 order 。（你想買這一款電腦就得盡快下訂。）

O.T.

【註】over time 的縮寫。超時工作，加班工作。

【例】（1）今晚邊個想開 O.T. 吖？（今晚誰想做超時工作呀？）

（2）最近因為工作時間改變，淨係喺 O.T. 的日子先有機會見佢一面。（最近因為工作時間改變，只有在加班工作的日子才有機會見他一面。）

out

【註】與 in 相對，過時，被拋出潮流。

【例】你 out 嘞，連呢首歌都唔識唱。（你追不上潮流了，連這首歌都不懂得唱。）

park

【註】泊車；停車場。

part

【註】部分。

【例】下個月起，你幫手去做商業書籍，學生讀物嗰一part暫時咪做住。（下個月起，你去幫忙做商業書籍，學生讀物那一部分暫時用不著做。）

part time

【註】兼職。

【例】我喺呢間廣告公司係做part time㗎。（我在這家廣告公司是做兼職的。）

partner

【註】舞伴，夥伴。

【例】我間公司今晚開ball，你做我partner吖？（我的公司今晚舉行舞會，你當我的舞伴好嗎？）

party

【註】派對。

【例】聽晚我同個仔開個生日 party 。（明天晚上我替兒子開個生日派對。）

pass

【註】通過，合格。

【例】我喺會考攞到五個pass。（我在會考中取得五科合格。）

passport

【註】護照。

【例】我哋個個身上有晒外國 passport 。（我們人人身上都有了外國護照。）

P.C.

【註】personal computer 的簡稱，私人電腦。

【例】依家好多公司請文員都要求識用 P.C.。（現在很多公司請文員都要求懂得私人電腦操作。）

percent

【註】百分點。

【例】去年嘅生意額少咗三十個 percent 。（去年的生意額減少了三成。）

port

【註】report 的簡説。投訴，檢舉。

【例】我去 ICAC port 你㗎！（我會去廉政公署控告你的！）

post

【註】職位。

【例】營業經理呢個 post 成兩個月無人做嘞。（營業經理這個職位有兩個月沒有人做了。）

post card

【註】明信片。

【例】你去巴黎旅行，記得幫我買套靚 post card 番嚟喎！（你去巴黎旅行，記得替我買套漂亮的明信片回來呀！）

poster

【註】海報，廣告。

【例】我嘅牀頭貼咗幅狄美摩亞嘅 poster ！（我在牀頭貼了一幅狄美摩亞的海報。）

P.R.

【註】public relations 的簡稱。公關。

【例】我哋公司招聘 P.R. ，你去唔去？（我們公司招聘公關，你去不去？）

pro

【註】讀音如“蒲”。professional 的簡稱，專業。

【例】佢講啲嘢好 pro，我聽唔明。（他說的東西很專業，我聽不明白。）

project

【註】計劃書。

【例】聽朝你要完成份 project 交俾我。（明天早上你要完成那份計劃書交給我。）

Q

Q(cute)

【註】趣緻。

【例】你個 BB 對眼好大，好 Q 吖！（你的嬰孩眼睛很大，很趣緻呀！）

“Q版”

【釋】常指樣貌肖似名人的人。

【例】佢響學校度俾人叫做“Q 版黎明”。（他在學校裡被人叫做“小黎明”。）

Q.C.

【註】quality control 的簡稱，控制品質的技術，引伸指代產品質量檢驗員。

【例】呢間電子廠請 Q.C.，你想唔想去？（這家電子廠聘請品質檢驗員，你想不想去？）

quali

qualification 的簡說。

【註】學歷，資格。

【例】佢係乜quali 吖？文章寫得認真好！（他是甚麼學歷呀？文章寫得實在好！）

" show quali "

【釋】炫耀本事、本領。

【例】（1）佢喺演講嗰陣，不時 show 吓佢嘅quali。（他在演講時，不時炫耀一下他的學歷。）

（2）呢個影星成日著住低胸裝 show quali。〔這個影星經常穿著低胸衣服炫耀（身材）本錢。〕

R

repeat

【註】重覆，重讀。

【例】舊年考唔到中六，我就喺原校 repeat 中五。（去年沒考上中六，我就在原校重讀中五。）

report

【註】報告。

【例】關於呢次事故，你要寫份 report 俾總經理室。（關於這次事故，你要打份報告給總經理室。）

roller

【註】滾軸溜冰。

【例】我鍾意睇戲，踩 roller 。（我喜歡看戲，滑旱冰。）

romantic

【註】羅曼諦克，浪漫。

【例】情人節嗰晚，我同我 boy friend 喺一間好 romantic 嘅餐廳食燭光晚餐。（情人節那晚，我跟我的男朋友在一家情調很浪漫的餐廳吃燭光晚餐。）

round

亦寫成 run 。

【註】轉圈。

"白鴿 round"

【釋】打個轉。

【例】我落樓下打個白鴿 round 就返嚟。（我下樓打個轉就回來。）

"打個 round"

【釋】同"打個白鴿 round"。

"晒 round"

【釋】全部拿出來。

S

sales

【註】售貨員。

【例】佢喺一間日本百貨公司做 sales。（她在一家日本百貨公司做售貨員。）

say hello

【註】打招呼。

【例】我每日放學後都去22號巴士站等你，但又唔敢上前 say hello。（我每天放學後都到22號巴士站去等你，但是又不敢上前向你打招呼。）

say no

【註】拒絕。

【例】我係個唔識 say no 嘅人。（我是個不懂得拒絕人的人。）

say sorry

【註】道歉。

【例】俾個機會我 say sorry！（給我一個道歉的機會吧！）

see

【註】明白（常用於問句）

【例】呢件事唔好話俾人知， see ？（這件事不可以告訴別人，明白嗎？）

secu

security 的省稱。

【註】保安人員。

【釋】你再係咁胡鬧，我嗌 secu 上嚟㗎！（你再是這樣胡鬧，我會叫保安人員上來的！）

set

【註】裝置。

【例】你幫我 set 部錄影機吖！（你替我安裝這部錄影機吧！）

sell

【註】（1）推銷。

（2）賣點。

【例】（1）我間公司專門 sell 化妝品嘅。（我的公司專門推銷化妝品的。）

（2）《審死官》sell 係人物，《七品芝麻官》 sell 係古仔。（《審死官》的賣點是人物，《七品芝麻官》 賣點是故事情節。）

send

【註】派送。

【例】你幫我將呢份文件 send 去總公司。（你幫我把這份文件送去總公司。）

sexy

【註】性感。

【釋】嘩！你著得咁 sexy 嘅？（嘩！你怎麼穿得這麼性感呀？）

sharp

【註】（1）矚目。

（2）鮮明的。

【例】你咁樣打扮，一定係全場至 sharp 嗰個。（你這樣打扮，一定是全場最矚目的那個。）

"sharp idea"

【釋】鮮明的意念。

shopping

【註】購物。

【例】呢個周日一齊去 shopping 咯！（這個星期天一起去購物吧！）

shut up

【註】閉嘴。

【例】你最好 shut up，唔好激嬲我！（你最好閉嘴，不要激怒我！）

Sir

【註】（1）老師。

（2）對有地位的男士的尊稱。

（3）男警察。

【例】潘 Sir 好惡死，成日俾面色我睇。（潘老師很兇，整天為難我！）

size

【註】尺寸。

【例】對唔住，條裙冇你嘅 size。（對不起，這條裙子沒有你的尺寸。）

smart

【註】（1）時髦，衣著光鮮。

（2）聰明的。

【例】（1）我個 boss 時時都著得好 smart 㗎。（我的上司經常穿得很時髦的。）

（2）我個仔喺佢嗰班係至 smart 嘅。（我的兒子在他那班是最聰明的。）

so what

【註】那又怎麼樣。

social

【註】交際。

【例】佢係一個好識 social嘅人。（她是一個很懂得交際的人。）

sorry

【註】對不起。

【例】（1）如果以前有乜得罪，我誠心向你講聲 sorry 。（如果以前有甚麼得罪，我誠心向你說聲“對不起”。）

（2）Sorry 吖，我頭先唔係有心㗎。（對不起，我剛才不是有意的。）

special

【註】特別的。

【例】你個人又幾 special 喎。（你這個人的個性還挺特別的。）

stand by

【註】隨時候命。

【例】唔好因為我哋幾個議員下鄉，搞到警隊要調派幾百個警察 stand by 。（不要因為我們幾個議員下鄉，弄得警隊要調派幾百個警員隨時候命。）

stupid

【註】蠢鈍的。

【例】佢嘅老細好 stupid 。（他的老板很愚蠢。）

style

【註】風格。

【例】我接受唔到佢做事？嘅style 。（我不能接受他辦事的作風。）

sure

【註】一定，肯定。

【例】嗰封信好重要㗎，你係唔係 sure 寄咗出去？（那封信很重要的，你是不是肯定寄了出去？）

"sure win"

【註】必勝。

【例】你去參選，我包保百分百 sure win ！（你去參選，我擔保必勝無疑！）

T

talk show

【註】亦譯"脱口秀"。單口相聲。

talking

【註】說話。

【例】佢 talking 嗻，唔使理佢！（他在說（廢）話罷了，別理睬他！）

"齋 talking"

【釋】只講不做。

【例】佢個人成日都齋 talking 嘅。（他這個人經常都是只說不做的。）

taste

【註】品味。

【例】睇佢著啲衫已知佢 taste 麻麻地。（看他穿的衣服已可以知道他的品味只是一般。）

tennis

【註】網球。

【例】佢請我今日同佢打 tennis 。（他請我今天跟他打網球。）

tissue

【註】面紙。

【例】你用 tissue 抹一抹面上嘅汗。（你用面紙抹一抹臉上的汗。）

title

【註】（1）名銜。

（2）標題。

【例】（1）佢見到我咭片上嘅title ，呆咗一呆。（他看到我的名片上的銜頭，愣了一愣。）

（2）我平時睇報紙都唔會好詳細，淨係睇吓啲大 title 。（我平時看報紙不會很詳細，只是看一下那些大標題。）

total

【註】總數，總共。

【例】今年我哋舖頭 total 賺咗十二萬。（今年我們的店舖總共賺了十二萬元。）

toilet

【註】洗手間。

【例】對唔住，我要去一去 toilet 。（對不起，我要去一去洗手間。）

top

【註】頂尖。

【例】喺咁多時裝店入便，佢嗰間至 top。（在這麼多時裝店裡，他那間最好。）

trouble

【註】麻煩。

【例】我個表妹好 trouble 㗎，成日屈我請佢食嘢。（我的表妹很麻煩，整天要我請她吃東西。）

U

U

【註】university 的簡稱，大學。

【例】我連 U 都未讀完，點識得咁高深嘅學問吖？（我連大學都沒讀完，怎麼懂得這麼高深的學問呢？）

"u 仔 u 女"

【釋】在大學讀書的男女學生。

un

【註】understand 的簡說，明白。

【例】我講咗咁耐，你究竟 un 唔 un 㗎？（我說了這麼久，你究竟明白不明白呀？）

uncle

【註】對父母的兄弟或與父母同輩男士的稱呼。

【例】我有個 uncle 喺廣告公司做 officer。（我有個叔父在廣告公司做主任。）

up-date

【註】追上潮流。

【例】你人咁唔 up-date，好容易俾社會淘汰啫。（你做人這麼追不上潮流，很容易被社會淘汰的。）

upset

【註】 不高興，憂心。

【例】 佢成晚冇返，佢阿媽好 upset 。（他整夜沒回家，他母親很憂慮。）

V

van

“van 仔”

【釋】 小型巴士。

【例】 我日日都搭 van 仔返學。（我天天都搭小型巴士上學。）

“貨 van ”

【釋】 小型貨車，麵飽車。

【例】 今年上半年貨 van 出事嘅交通意外零舍多。（今年上半年小型貨車發生的交通意外特別多。）

video

【註】 錄影帶。

VIP

【註】 very important person 的簡説。大人物，貴賓。

【例】 呢間係 VIP 房，你有乜 quali 入去？（這間是貴賓房，你有甚麼資格進去？）

VS

【註】 versus 的略寫。……對……（只用於書面）。

【例】 南華 VS 東方。（南華足球隊對東方足球隊。）

W

walkman

【註】 耳筒放音機。

【例】佢喺上堂嗰陣聽 walkman，俾先生收咗去。（他在上課時聽耳筒放音機，給老師沒收了。）

watt

【註】瓦特。

“跌 watt”

【釋】比喻情緒低落。

【例】睇你咁嘅面口，唔使問都知又跌 watt 啦！（看你這樣的神色，不用問也知道又是情緒低落了！）

wet

【註】遊蕩（並沒有英文 wet 的原意）。

“玩”字借音，尋歡作樂。

【例】佢唔喺屋企，梗係又去咗 wet 嘞。（他不在家，一定又是出去尋歡作樂啦。）

“why not”

【釋】為甚麼不？

【例】“你去唔去新春團拜？”“why not ？我一定會去嘅！”（“你去不去新春團拜？”“為甚麼不去？我一定會去的！）

X

xyz

【註】説粗口。

【例】佢咁沙塵，真想 xyz 佢。（他這麼囂張，真的想用粗口罵他。）

Y

yeah

【註】過癮，好玩，緊貼潮流。

【例】 陳太嘅老公一樣著得好 yeah 。（陳太的丈夫同樣一身貼緊潮流的衣著。）

yes

【註】 是。

you see

【註】 你明白（通常用於問句）。

【例】 呢個問題係關乎我哋公司嘅聲譽， you see ？（這個問題是關乎我們公司的聲譽，你明白嗎？）

類目

俗語：單句俗語

五字

六字

七字

八字

九字

十字

雙字俗語

六字

八字

九字

十字

十一字

十二字

十三字

十四字

三句

四句

歇後語

二字

三字

四字

八畫

九畫

十畫

五字

八字

九字

附錄：

活躍在港人口語的英語借用詞

一、已譯為本族文字的

二、直接以英語入詞

後記

為了編寫這本《省港民間俗語》，我放棄了兩年來一切休假和旅行。夜間常常因為忽然記一句俗語，或者聽到牀頭收音機裡一句特別趣緻的俏皮話，便立即跳起身來，找筆找紙記下，生怕到第二天早上會忘了。為此挨太座狠狠罵了幾回。

有人把編詞典比喻為建造大廈，這個比喻十分貼切。詞典"大廈"是由一代一代的詞典人以接力的方式建造得愈來愈高大、愈宏偉的。每一個詞典人無可避免地要繼承、借鑑前人和同時代人的勞動成果（所以詞典永遠是"編"的，沒有人敢說"著"）；但是，詞典人不可以用這做藉口而滿足於把他人的勞動成果"搬字過紙"，他應該竭盡自已所能，為詞典"大廈"添磚加瓦。

《省港民間俗語》的價值在於：它第一次以專書的形式全面、系統地編集省港民間俗語，它應該夠格稱得上是添加在省港方言詞典"大廈"外牆上一塊堅實的方磚。

我的另外兩本新書——《中文趣典·增訂本》和《中學生文學精讀·宋詞》，也將在近期出版。

心頭的喜悅難以言宣，願與讀者同享。

莊澤義

一九九五年六月中旬大假

"中國民間俗語"是我國人民在長期生活實踐中創造出來的一種特殊語言，它言簡意賅、通俗雋永、幽默風趣、引人深思，可稱為大眾語言的精華。民間俗語從不同角度反映了現實社會的生活，從而幫助我們洞察社會，瞭解人生，不愧為人類生活經驗的百科全書，我國口頭文學寶庫中的一件瑰寶。

劉俊文 秦畢嘯 編纂
平裝本３２開（１４０×２１０mm）
４４０頁　５０幅插圖
國際書號：ISBN 962-238-090-5
HF-219-P
HK$58.00